もっと楽しむための

フランス旅行術 改訂版

今だからこそ知っておきたい
達人の知恵50

高橋雅代 著

Mates-Publishing

⚜ 目次

※本書は2018年発行の「知っていればもっと楽しめる Amour! フランス旅行術 ガイドブックに載らない達人の知恵50」を元に、情報の更新と加筆修正を行い、書名を変更して改訂版として発行したものです。

5章 歴史に触れる街歩き

6章 フランス流買い物のコツ

7章 パリから行く小さな旅

※この本で紹介している情報は2024年６月１日現在のものです。内容が変更される場合もあります。
なお、本書に掲載された内容による損害などは弊社では補償しかねますので、予めご了承ください。

はじめに

世界一の観光大国フランス、そして花の都パリ。
そのパリに暮らしはじめて20年が過ぎました。フランスの魅力の虜になって20年とも言えます。これだけ長くフランス生活を続けていても、パリの小径を歩いたり、セーヌ川に架かる橋を渡れば、また新鮮な気持ちでパリに恋をしてしまいます。モダンでおしゃれな界隈もあれば、時間が止まったようなレトロな一角もある街。そう、パリは本当に魅力が尽きない街なのです。
今回、この本を書くにあたって、意識したのはそこです。私が知るフランスの魅力を読者のみなさんにできる限りお伝えしようと、「50のコツ」と題して詰め込んでみました。パリを中心に、フランスでの旅が楽しく、安全で、しかも快適に過ごしてもらえるためのコツを、経験に基づきご紹介しています。
観光客が押し寄せる定番の観光名所だけでなく、暮らしている私がおすすめしたいパリの穴場スポットなどの紹介はもちろん、フランスでよくある事態の対処法、そうならないための予防策、もしものときに慌てないためのヒントも満載です。フランス旅行中に「これ、本に書いてあったあれだ！　こんなときは確か……」と少しでも旅先でのイライラやハラハラをなくすお手伝いができたら、うれしい限りです。
また、コラムページでは、テーマのある街歩きを紹介しています。王道のパリの観光ルートとはちょっと違う、まさに私の好きなパリの歩き方です。

この本をきっかけに、みなさんがフランスの奥深い魅力の虜となってくれることを祈りつつ。それでは、素敵なフランス旅行を。

高橋 雅代

1章

フランスの基本をおさえよう

フランス年間カレンダー

	祝日	イベント
1月 Janvier ジャンヴィエ	元旦⇒1日	・冬のセール ・エピファニー⇒6日
2月 Février フェヴリエ		・シャンドルールの日⇒2日 ・バレンタインデー⇒14日 ・ニースのカーニバル
3月 Mars マルス		最終日曜日から サマータイム開始
4月 Avril アヴリル	復活祭の翌日の月曜日 (年により変わる)	・パリマラソン(第1日曜開催) ・ポワソン・ダヴリル
5月 Mai メ	・メーデー⇒1日 ・第二次大戦戦勝記念日⇒8日 ・昇天祭(年によって変わる)	カンヌ映画祭
6月 Juin ジュアン	聖霊降臨祭の翌日の月曜日 (年により変わる)	・夏のセール ・音楽の日(夏至の日に開催) ・アヌシー国際アニメーション映画祭
7月 Juillet ジュイエ	革命記念日⇒14日	・ツール・ド・フランス ・ジャパンエキスポ(パリで開催) ・アヴィニョンの演劇祭
8月 Août ウット	聖母被昇天祭⇒15日	パリプラージュ
9月 Septembre セプタンブル		・文化遺産の日(第3週の週末) ・ボルドーのワインマラソン
10月 Octobre オクトーブル		・パリの凱旋門賞(第1日曜) ・最終日曜日でサマータイム終了
11月 Novembre ノーヴァンブル	・諸聖人の日⇒1日 ・第一次大戦休戦記念日⇒11日	・パリのサロン・デュ・ショコラ
12月 Décembre デッサンブル	クリスマス⇒25日	フランス各地での マルシェ・ド・ノエル (クリスマスマーケット)

※日程は変動する場合あり

備考	パリ平均気温	
公現祭の前後に食べるパイ菓子「Galette des rois(ガレット・デ・ロワ)」は中にフェーヴと呼ばれる陶器の人形入り	7℃／3℃	1月 Janvier ジャンヴィエ
シャンドルールの日はクリスマスから40日目のろうそく祝別の日のことでクレープを食べる	8℃／3℃	2月 Février フェヴリエ
3月後半から4月にかけての復活祭に際して、卵やうさぎなどの形のチョコが並ぶ	12℃／5℃	3月 Mars マルス
エイプリルフールである1日は「四月の魚」(ポワソン・ダヴリル) と呼ばれる	15℃／7℃	4月 Avril アヴリル
メーデーにはすずらんを贈るのがならわし。街にはすずらんを売る人があふれる	19℃／11℃	5月 Mai メ
一年でいちばん日が長くなるこの時期は、22時でも明るい	23℃／14℃	6月 Juin ジュアン
7月14日の革命記念日を過ぎると、ヴァカンスシーズン到来。近年の猛暑により、7～8月は30℃を超える日も多いので注意	25℃／16℃	7月 Juillet ジュイエ
7月から8月にかけ、セーヌ川沿いに砂浜が作られ(パリプラージュ)、パリにいながらヴァカンス気分が楽しめる	25℃／15℃	8月 Août ウット
フランスでは新学期がスタートするのが9月。文化遺産の日には普段は公開されていない場所も見学可能に	21℃／13℃	9月 Septembre セプタンブル
パリのシンボルとも言える、マロニエの木々が黄色に染まる様は非常に美しい	16℃／10℃	10月 Octobre オクトーブル
第3木曜日は日本でもおなじみの『ボジョレー・ヌーボー』の解禁日。ただし、パリではあまり盛り上がらず	11℃／6℃	11月 Novembre ノーヴァンブル
クリスマスに向けて、パリのシャンゼリゼ通りではきらびやかなイルミネーションが施される	8℃／3℃	12月 Décembre デッサンブル

フランスという国の成り立ちを知ろう

⚜ パリ

言わずと知れたフランスの首都。文化、ファッション、グルメなど、あらゆることが凝縮されたこの街を世界中から観光客が訪れる。

⚜ レンヌ

パリからのTGVが発着するブルターニュの中心都市レンヌ。モン・サン・ミッシェルへのバスも出ている。木組みの建物が並ぶ旧市街にもぜひ立ち寄りたい。

⚜ ボルドー

水運をいかした貿易都市として古くから栄えたボルドーは、世界的に有名なワインの街。2016年にオープンしたシテ・デュ・ヴァン（ワイン博物館）や近辺のシャトー巡りなど見どころも多い。

六角形をしたフランスは、海あり、山ありと自然豊かな国で、農業も盛んです。日本の面積のおよそ1.5倍あり、首都であるパリはもちろん、各都市ごとに多様な見どころであふれています。

※この地図以外にもフランスには海外県、海外領土があります。

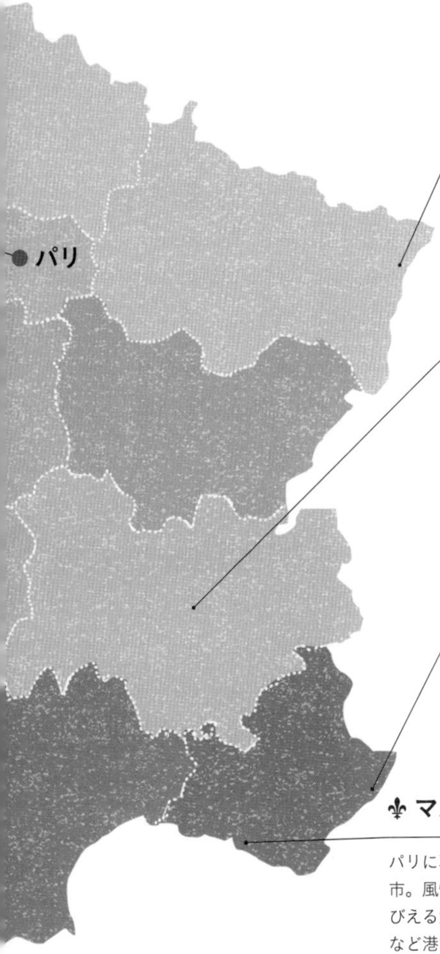

ストラスブール

「欧州の首都」とも呼ばれるドイツ国境近くの都市。世界遺産にも登録されている中心部には、ゴシック様式の大聖堂、運河沿いのプチット・フランスなど見どころが集まっている。

リヨン

15世紀から絹産業で栄えたリヨンは、現在ではフランス経済を支える主要都市。美食の街としても知られ、魚のすり身料理クネル、パテやサラミなど豚肉を加工したものがこの街の名物。

ニース

コート・ダジュールの中心地で、地中海の開放感をたっぷり味わえる街。毎年5月の映画祭で有名なカンヌなど、周辺の風光明媚な町へのアクセスも良く、南フランスを巡る旅の起点にぴったり。

マルセイユ

パリに次ぎフランスで二番目に人口の多い都市。風情ある港町として知られる。高台にそびえる大聖堂が街のシンボル。ブイヤベースなど港町ならではのグルメが楽しめる。

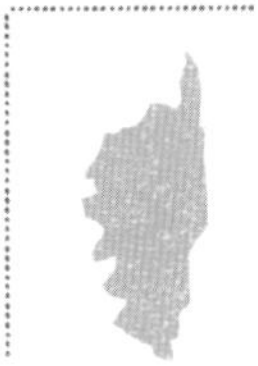

コツ 1 FRANCE

フランス人の気質を知れば フランスへの理解も深まる

⚜ 黙っていては伝わらない。主張はしっかり

「自己中心的」「他人のことを気にしない」と見られがちなフランス人。よく個人主義だと言われますが、**“個を尊重する”という表現のほうが的確**です。この国で有名俳優や政治家の恋愛、結婚、離婚などがそこまで話題にならないのは「仕事をちゃんとしていればプライベートは関係ない」と割り切ることのできる気質が人々の中に根付いているからなのです。
また、フランスは、**自分の意思を言葉と態度でストレートに表現する人が多い国**です。意思主張をしっかりすると同時に、意見が合わないときはしっかり話し合うのもお国柄と言えます。時に感情にまかせて行動してしまうこともあるフランス人ですが、困った人を見ると放っておけない性分なのもまたフランス人なのです。
ですから、旅行者も「**言いたいことははっきり言う、嫌なときはしっかり伝える**」よう心がけましょう。黙っていても何も伝わらないので、英語やジェスチャーでも何かしら伝えることが大事です。
ちなみに、子どももしっかり独立した個として育てられます。ある程度の年齢からは、自分のことは自分で決め、責任を持つという意識が徹底しているように思います。

⚜ フランスならではの挨拶“ビズと握手”

フランス人が勢いよく音を立てて頬にキスをしているのを見て、びっくりしてしまう日本人も多いでしょう。これは**Bise（ビズ）と呼**

ばれるフランスではごく一般的な挨拶の仕方のひとつ。恋人たちのかわすキスとはまったく別物です。家族、友達、友達の友達など、男女関係なく、出会いや別れ際にチュッチュと頬を合わせます。地域によって2回、3回、4回と回数もまちまちで、パリでは左右の頬に1回ずつ、計2回のビズが一般的です。また、**フランスで日常的に目にする握手も挨拶としての意味が強い**です。初対面や仕事上での関係の場合、とくに男性同士の場合は握手をすることが多く、行きつけのレストランのスタッフと、顔見知りのご近所さんと握手を交わすこともあります。もちろん、旅行者の場合は、ビズも握手もなく、言葉だけでの挨拶が中心なのでご心配なく。

⚜ 待たされることは日常茶飯事

「デパートの売り場のレジに誰もいなくて支払いができない」「地下鉄が2駅の間で急に止まって、アナウンスもなく再出発をひたすら待たされる」「カフェで会計を頼んでも、待てど暮らせど会計が来ない」……残念ながら、フランスではこのように「待たされること」がよく起こります。そういうときはイライラしてもどうにもならないので「あ〜またか」とゆっくり構えましょう。まわりのフランス人も同じ思いで、ぶつぶつと文句を言いながらも辛抱強く待っているはずです。買い物や食事時など、往々にして**日本のようにサッとお店に入ってサッと出ることは難しい**ということを頭に入れておき、移動時間にも余裕を持ってスケジュールを立てましょう。

お役立ち！ ひと言フレーズ

「はじめまして。私の名前は田中太郎です」

Enchanté. Je m'appelle Taro Tanaka.
アンシャンテ　ジュ　マペル　タロウ　タナカ

コツ 2 FRANCE

お互いを尊重し合う 自由と多様性のフランス社会

フランス国旗の「自由・平等・友愛」が社会の基本

青・白・赤の３色を使った、おなじみのフランス国旗。それぞれが「自由・平等・友愛」を表していて、これが社会の柱になっています。なかでも自由への意識は高く、個を大事にするフランスにおいては、男女、年齢に関わらず、**絶妙なバランスでお互いを尊重し合う**ことで社会が成り立っています。年齢、性別、既婚、未婚、家族構成にとらわれ過ぎず、その人が何をしている人なのか、何に興味を持っていて、何に重きを置いているのか、そういったところが重要視されるこの国。「〇歳なのに」「男性なのに」といった型にはまったネガティブなフレーズを耳にすることはごく稀ですし、そういった発言はすぐにまわりから指摘を受け、冷たい目で見られます。

３色を意味するトリコロール。フランス国旗はEUの旗とともに掲げられることが多い

多様性の国フランス

一度フランスに行ったことのある方ならわかるでしょう。フランスという国は、**実に多様なルーツ、文化を持った人々が暮らす国**です。とあるフランス人は、「お母さんはモロッコ系フランス人、おじいちゃんはイタリア人。フランス生まれの自分は3か国語を話すよ」と言っていました。こんなケースは割とざらで、私たち日本人から

すると「なんてインターナショナルなんだ」と思ってしまいますが、フランスとはそういう国なのです。
肌の色や顔立ちなどの外見が、自分が持っているフランス人のイメージと違うからと言って、勝手に「この人はフランス人じゃない」と判断するのはこの国では意味のないことなのです。それをわかったうえでフランスを旅すると、街での人間観察もより興味深いものになるはずです。

⚜ ヴァカンスを楽しむ国民性

フランスでは年に5週間程度の有給休暇が法律で認められているので、夏のシーズンともなれば、皆こぞって**ヴァカンス(休暇)**に繰り出します。一般企業で働く人はもちろん、役所に務める公務員や近所のパン屋までしっかりとヴァカンスを取るのが当たり前。「8月はパリからパリジャンがいなくなる」なんて言われるほどです。小さなレストランやパン屋、その他の個人経営のような店は、夏の間は**2週間から長いところだと1か月近くも店を閉めます**。**7月半ばから8月半ばごろに休みを取る**のが一般的なので、その時期の旅行者は注意が必要です。旅行前に、ホームページやSNSなどで**しっかり営業日を確認**すること。レストランやパン屋など食品系の店はとくに要注意です。また、夏の間は営業時間を短縮する店も多いので、そこにも気をつけましょう。
ちなみに、長期の旅行と聞くと「フランス人は優雅だなぁ」と思うかもしれませんが、**彼らのヴァカンススタイルは、日本人が想像するよりもずっとシンプルで堅実**です。長期休暇はリラックスすることが目的。食事は自炊中心にしたりという庶民派も意外と多く、夏のヴァカンスのためにしっかりお金を貯めて、1年の英気を養うべくのんびり過ごすのがフランス流ヴァカンスなのです。

コツ 3 FRANCE

「Bonjour !」から始まる フランス流コミュニケーション

これだけは覚えておきたい３つのフレーズ

フランスでは挨拶がとても大事です。お店に入るとき、ホテルのレセプションで、バスやタクシーに乗るとき……、様々なシチュエーションにおいて、**相手の顔を見てしっかり「Bonjour (ボンジュール)」**と挨拶をしましょう。**発音が正しいかはどうかは重要ではなく**、こちらが何らかの挨拶をしていることが相手に伝わることが重要。このひと言の有無で、その後の対応も変わってきます。

また、同様に大事なのが**「Merci (メルシー)」**のひと言。日本語でありがとうという意味ですが、お店を出るとき、道をゆずってもらったときなど、あらゆるところでこのフレーズが活躍します。より深く感謝の気持ちを伝えたいときは、「Merci beaucoup (メルシー・ボクー)」と言いましょう。

そして、お願いしますという意味の**「s'il vous plaît (スィル・ヴ・プレ)」**。注文するときに「アン・カフェ、スィル・ヴ・プレ」のように欲しい物の単語の後ろにつけて使えるので便利なフレーズです。

日本と違う、マナーあれこれ

文化によって、当然マナーも違ってきます。ここでは、**日本では普通とされていることだけど、フランスでは避けたほうが良い**、いくつかのポイントを紹介しましょう。

鼻をすする ▸▸日本では鼻をかむのは恥ずかしいという印象ですが、フランスでは鼻をすするほうがマナー違反。電車の中でも食事中でも、鼻をすすらず、しっかりかみましょう。ただし、観劇中やシックな場ではそれなりに。

マスク ▸▸ もともとマスクを着用する習慣がなかったフランス。コロナ禍を経てマスクに対する意識もずいぶん変わりましたが、普段の生活の中で予防的に着用することはあまりないので、マスク姿はやや目立ってしまうことは知っておきましょう。

帽子 ▸▸ 教会などの神聖な場所では、脱帽を心がけましょう。

トイレのノック ▸▸日本では、個室内に人が入っているかを確かめるのにノックをしますが、フランスでトイレのドアのノックは、早く出てと催促を意味します。中に人が入っているか不明な際は、ゆっくりドアノブを回してみましょう。フランスのトイレは鍵が壊れていることも多いので、ゆっくりと回してみるのがポイントです。

写真 ▸▸ 美術館や教会などは、写真撮影が許可されているところでもフラッシュは厳禁。とくに、教会はお祈りの場ですから、雰囲気を壊すような写真の撮り方はマナー違反。ミサの最中やお祈りをしている方がいる近くでの撮影は避けましょう。また、自撮り棒や歩きながらの動画撮影など、まわりに迷惑がかかる行為も気をつける必要があります。

ドア ▸▸日本よりも自動ドアが少ないフランスでは、自分が先にドアを開けて通り、後ろの人のためにドアを押さえて待ってあげるのが暗黙のルールです。とくに、地下鉄駅の出口のドアなどでよく出くわすので覚えておきましょう。ドアを開けてもらったら、「Merci（メルシー）」とお礼の言葉が出るといいですね。

コツ 4 FRANCE

少し知っておくだけで違う！フランス語のきほんの「き」

⚜ クロワッサンは男性、バゲットは女性って？

響きがきれいで美しいと言われるフランス語ですが、その独特な発音や文法の難解さも有名です。その特徴のひとつが、**男性名詞と女性名詞、つまり名詞に性別があるというルール**です。例えば、パン屋での買い物の際、男性名詞のクロワッサン1つは「Un croissant (アン・クロワッサン)」となりますが、バゲットは女性名詞なので「Une baguette (ユンヌ・バゲット)」となり、それぞれ名詞の前につける冠詞が変わってくるのです。なので、フランス語の新しい単語を覚えるときには、冠詞と一緒に単語を覚えるようにすると良いとよく言われます。
こうして説明するとなんだかちょっと難しそうですが、気にしすぎず、**わかる単語を駆使してコミュニケーションをとることが旅の醍醐味**です。買い物のときの冠詞が間違っていても、誰も気にしませんから、積極的にフランス語会話に挑戦してみてください。

⚜ フランス語ならではの発音「R」と「H」

フランス語を習得する際、**最初にぶつかる壁が「R」の発音**だとよく言われます。読み方はアールではなく、エールというなんとも不思議な音になります。少しハ行の音に似たような、微妙な音になると知っておくだけでも、聞き取りの際のコツになるでしょう。また前後の音によって、強めに聞こえることもあれば、ほとんど聞こえない場合もあります。フランス滞在中に何度となく聞くフレーズ、

「さようなら」という意味の「Au revoir」も無理にカタカナ表記すると「オー・ルヴォワール」となりますが、簡単かつ現地で通じやすい発音を目指すなら**「オー・ヴォワー」**と覚えるのをおすすめします。

もうひとつ日本人にとって不思議なのが、フランス語では**「H」は発音しない**というルール。ホテルを「hôtel」と書いて「オテル」と読みますし、フランスの有名ブランドのエルメスは「Hermès」と書きます。自分の名前に「H」が含まれる方は要注意！　例えば、ひろしさんは「イロシ」となってしまうので、耳の準備をしておいてくださいね。

⚜ 70以上の数字はまるで数式

フランス語の独特さは、数字の言い方にも表れます。**70と100の間の数字は数式のようになってくる**のです。77は「60と17」と表現し、92は「4×20と12」となります。支払いなどでは数字で表示されるので、旅行者はこのややこしい数字のルールをマスターする必要はないですが、知っておいて損はありません。ちなみに、フランスの隣国ベルギーのフランス語圏では英語と同じく70、80、90という単位が存在し、これに1の位を組み合わせて使っています。

フランス語の数字一覧

1	un/une アン/ユンヌ	6	six スィス	11	onze オンズ	16	seize セーズ	30	trente トラント	80	quatre-vingts キャトルヴァン
2	deux ドゥー	7	sept セット	12	douze ドゥーズ	17	dix-sept ディセット	40	quarante キャラント	90	quatre-vingt-dix キャトルヴァンディス
3	trois トロワ	8	huit ユイット	13	treize トレーズ	18	dix-huit ディズュイット	50	cinquante サンカント	100	cent サン
4	quatre キャトル	9	neuf ヌフ	14	quatorze キャトールズ	19	dix-neuf ディズヌフ	60	soixante ソワサント	1000	mille ミル
5	cinq サンク	10	dix ディス	15	quinze キャンズ	20	vingt ヴァン	70	soixante-dix ソワサントディス	0	zéro ゼロ

コツ
5
FRANCE

キャッシュレスが進むフランス 安全のためにも現金は最小限で

フランス国内では€(ユーロ)を使用

フランスの通貨は**「€ (ユーロ)」**です。ユーロはドイツ、イタリア、スペイン、ベルギーなどユーロ圏で使用されている通貨です。フランス語ではユーロではなく、「ウロ」と発音をします。ユーロの導入により、ヨーロッパ近隣諸国への旅も気軽にできるようになりましたが、イギリスやスイス、デンマークなどユーロを使用できない国もあるので、出発前に確認をしましょう。
一般的に200€紙幣はほとんど流通しておらず、カード払いが主流のため**100€紙幣も「額が大きすぎる、お釣りが出せない」と断られることも多い**です。10€程度の支払いを50€札で払おうとすると、小さな店やカフェなどでは困った顔をされるケースもしばしば。フランスでの50€紙幣は、**日本の5000円紙幣とは少し感覚が違う**と思っておくといいでしょう。日本円から両替するときは、できるだけ50€以下の紙幣でもらっておくのがコツです。

少額の支払いでもカードOK！

フランス人はあまり現金を持ち歩きません。お財布の中に数十€しか入れてない人も多く、**少額でもカードで支払うのが一般的**です。店により最低利用額の設定があり、「CB à partir de 5€ (カードは5€以上から使用可) のような張り紙もレジ付近でよく見かけます。なお、地下鉄や国鉄の券売機は、カードもしくは硬貨でしか支払いができないことも多い (紙幣が使えない) ので、現金とカードの両方を持っていると安心ですね。
また、注意したいのが暗証番号です。フランスではチップの付いているクレジットカードで支払う場合、**自動的に4桁の暗証番号が必要**になります。「サインで」と告げても断られるので、不明な場合は日本出発前に必ず確認しておきましょう。また、カードの種類によっては使えない店もあるため、予備のカードを持っていると万が一のとき安心です。

CBとは「Carte Bancaire」のこと

⚜ 時代とともに進化する決済方法

近年、急速に一般化したのがクレジットカードによるタッチ決済です。旅行前に、自分のカードにタッチ決済機能が付いているか確認しておくと、現地での支払いがよりスムーズになります。お店の接続の都合でタッチ決済の調子が悪いこともたまにあり、もしエラーが出た場合は、カードを差し込んで暗証番号を押す通常の決済をしましょう。また、日本よりは気持ち長めにカードをかざしたほうがいいように思います。
新しい決済方法でいうと、まだ数は少ないですが、レストランでの会計時にスマートフォンでQRコードを読み込み、そのままスマホ上でクレジットカードで支払うことのできる店も出てきていますし、一部では、カード払いのみで現金は一切受け付けない店も出てきました。こうしてフランスでも、キャッシュレスはどんどん進化を遂げています。

コツ 6 FRANCE

貴重品だけでなくスマホも注意 進化するスリへの対策

スリは見かけによらず

フランスは近年、テロの事件などがあり、治安の悪いイメージがついてしまいましたが、実際にはそこまで怖い国ではありません。ただ、安全大国である日本と比べると、気をつけなければならないポイントがたくさんあります。なかでも、**もっとも注意しなければならないのがスリ**です。スリの被害は非常に多く、実際、私もスリの現場を何度も目にしたことがあります。
まず、フランス語ではスリのことを、「Pickpocket（ピックポケット）」と英語で呼びます。**スリは必ずしもスリに見えない**ことを頭に入れておきましょう。多いのが３人程度の未成年の女子グループ。手に新聞や書類のようなものや上着を持っていることもあります。ジーンズにスニーカー、ブーツなどカジュアルな姿で、どこにでもいる中学生か高校生のようなファッションをしていますが、視線は鋭いです。
また、**地下鉄内では、ドアが閉まる瞬間のスリ被害がとても多い**のが特徴です。スリは一緒に車内に乗り込みますが、ドアが閉まる直前にバッグやスマホを盗んで素早く降りていくという手口。当然すでにドアは閉まり、地下鉄は動き始めているのでスリを追いかけることはできません。ですから、**地下鉄では、ドア付近に立つのは避けましょう**。どうしてもドア付近に立つ場合は、バッグをしっかり前に持ち、ファスナーで閉まっていても、しっかり手を添えて注意していることをアピールします。その他、被害にあわないための手段として、1）現金を1か所にまとめて入れない、2）リュックサックのポケットやズボンの後ろポケットに貴重品を入れない、3）大きな荷物を持っての地下鉄移動は避ける、4）触られている感覚の鈍いコートのポケットにも気をつけるなどを徹底しましょう。

スマホ盗難被害が多発！

地図アプリや様々な検索などに便利なスマートフォンは海外旅行には欠かせないツールになりました。しかし、フランスを旅するときは要注意！　**スマホはスリに狙われやすく、盗難も多い**のです。以前、パリの警視総監がポケットに入れていたスマホを盗まれてしまったというほど。**斜めがけにして持てるスマホショルダー**などを使い、対策をすることが必要です。上着の中に入れて見えないようにすると、なお良いですね。
街歩きをしながらスマホで何かを調べたいときや電話を使いたいときは、立ち止まって道の脇に寄り（後ろが壁だと◎）、周囲を確認してから利用しましょう。また、カフェなどで**テーブルの上にスマホを置くのは絶対にダメ。常に肌身離さずが鉄則**です。

ここに注意！

ブランドロゴの袋にご用心！

憧れのブランドのお店で買い物をすることもあるでしょう。しかし、誰もがわかるブランドの紙袋を持っていると、ひったくりやスリに狙われやすくなります。ブランドの紙袋を持ったままメトロに乗るなんてもってのほか！　エコバッグや無地の紙袋を持って行くことをおすすめします。どうしてもブランドの紙袋を持つ場合は、タクシーでホテルまで移動したほうが安心です。

コツ 7 FRANCE

ストや長期クローズでも 慌てず、騒がず、落ち着いて

⚜ 旅行者の敵「グレーヴ」と「マニフェスタシオン」

フランスでは日本と違ってスムーズに事が運ばず、イライラすることも多いのですが、その最たるものが**「Grève（グレーヴ）」**と**「Manifestation（マニフェスタシオン）」**です。これにはフランス人たちも辟易しながら暮らしています。

まず、**「グレーヴ」とはストライキ**のこと。国鉄、航空会社、空港職員、美術館、タクシー、郵便局、学校の先生、市役所の職員、ごみ収集……ありとあらゆる分野でストをする可能性があります。日本人の感覚だと信じられませんが、エッフェル塔やルーヴル美術館がストでクローズなんてこともあるのです。なかでも、観光客が気をつけたいのが、**交通機関のスト**です。電車の便数などが大幅に減らされていることがあるので、そんなときは事前の情報収集につとめましょう。ストは事前に告知されることがほとんどなのですが、言葉がわからない旅行者がフランス語の情報を理解するのは難しいので、SNSを見たり、ホテルのフロントで聞いてみるのも良いでしょう。

バス停でこのような張り紙を見かけたらバスが来ないこともあるので要注意！

一方、**「マニフェスタシオン」とはデモ**のこと。バスやタクシーに乗っていると、**デモのため迂回を余儀なくされることもしばしば**。基本的に、数時間から半日で終わることが多いですが、ただでさえ一方通行の多いパリの道をタクシーの運転手もため息をつきながら、急遽ルートを変えることになります。たいていの場合、バス乗り場に「Manifestation」と書かれた貼り紙がされているので、それを見かけたら**他の交通ルートに変更したほうが無難**です。
ちなみに、**街歩きの途中でデモに出くわしてしまったらとにかく近づかない**こと。過激なデモの場合、警察が催涙スプレーなどを使用する場合もあります。危険が及ぶ可能性を考え、危ないことからはなるべく遠ざかるのが得策です。

⚜ 意外と多い、美術館の長期工事

フランス観光の楽しみのひとつでもある美術館の見学。しかし、フランスでは**美術館も工事などで何か月も休館になる**こともあります。例えば、マレ地区のカルナヴァレ美術館も4年間の大工事を終えて2021年に再オープンしました。美術館自体が休館にならなくても、大きな美術館の場合、自分のお目当ての絵がある展示室が工事になる可能性もあります。どうしても見たい絵がある場合、あらかじめホームページでの確認をお忘れなく。
また、「急に水もれや電気系統の問題が見つかったため、開館は午後から」なんていう貼り紙がされたりすることもあります。これは美術館だけでなく、レストランや一般の店舗などでも起こります。こういうときは、すっぱりとあきらめて予定を変更してしまうほうが良いでしょう。

コツ 8 FRANCE

旅の必須アイテム スマホをフランスで使うには

⚜ 日本のスマホをサクサク使うならコレ

旅行中、地図アプリで現在地や目的地への行き方を確認できたり、日本の家族や友だちと連絡も取れたりと、何かとスマホが使えると便利です。そのためには、以下に挙げるような方法がありますが、**自分の使用頻度に合った方法を選びましょう**。いずれもスマホの機種によって対応外の場合もあるので、しっかり確認してください。なお、普段日本で使っているアプリやサイトの中には、フランスでは使えないものもあります（例えばYahooなど）。出発前に確認をしておきましょう。

Wi-Fiルーター ▸▸ 1つのルーターで複数台の端末を接続できるので、同行者と一緒に使えて便利。別行動をしないグループ旅行にはおすすめ。手荷物が増える、複数人で使うとルーターのバッテリーが減りやすいなどのデメリットあり。初期設定がシンプルなので、デジタル機器の操作が苦手な方にも◎。

SIMカード ▸▸ フランスで使えるSIMカードを購入し、SIMロックが解除されたスマホに入れて使います。スマホによっては、カードの入れ替えの必要がないeSIM（端末本体に埋め込まれたSIM）に対応している場合も。初期設定は自分で行うことになるので、ある程度スマホの操作に慣れている方向け。

海外ローミング ▸▸ 普段の携帯料金に海外ローミングが含まれている場合と、海外旅行時にオプションとして加入する場合があります。SIMカードの入れ替えやルーターを持ち歩く煩わしさがないので気軽。ただし、海外で連続利用できるのは15日までという制限があるなど、携帯会社によって料金や条件が様々なので、旅行前にしっかり確認をしたうえで申し込みしましょう。

旅行中に便利な無料Wi-Fiとアプリ

このような表示があれば、無料で接続できる

フランスでは「ウィーフィー」と呼ばれるWi-Fi。空港、駅、ホテル、美術館、デパート、飲食店など、今やかなり多くの場所で無料Wi-Fiが使えるようになりました。「Gratuit（グラチュイ）」というのが無料という意味。**Wi-Fi Gratuitと書いてあると無料で接続ができます**。空港や美術館などの無料Wi-Fiは、フランス語又は英語で簡単な接続手続き（メールアドレス、氏名の入力、利用規約への同意など）をして使うようになっていることが多いです。

最後に、フランス旅行で使える便利なアプリを紹介します。

地図アプリ ▸▸ これは日本で使い慣れたものをそのまま使うといいでしょう。ネット環境がない時でも地図が確認できるように、大事な地図はオフラインでも使えるように保存しておくといいですよ。

交通系アプリ ▸▸ パリの地下鉄やバスを運営するRATPのアプリは、オンタイムで工事や事故情報などがチェックできます。

翻訳アプリ ▸▸ 飲食店のメニュー解読にとても便利なのが翻訳アプリ。フランス語で書かれたメニューにスマホをかざすだけで、日本語に訳してくれます。また何かしらのトラブル時に、カギとなる単語だけでもフランス語で調べたりもできます。

コツ 9 FRANCE

持続可能な社会へ 高まりを見せるエコの意識

環境意識の高まりで変化するフランスの日常

近年、日本でも耳にする機会の増えた"サステナブル"という言葉。フランスでも「**持続可能な開発＝Développement durable（デヴロップモン・デュラーブル）**」を目指した取り組みや法整備が進み、一般市民レベルでの**環境に対する意識が大きく変わりました**。
例えば、パリの風物詩のひとつであるカフェのテラス。以前は真冬でもテラス席に暖房が設置されていましたが、数年前からこの暖房は禁止に。また、築年数100年を超えるものもあるフランスの建物ですが、エネルギー効率を上げるため断熱性を高める工事をしなければならないという厳しい規制もできています。
また、最近では衣類のリサイクルという意味でも古着（セカンドハンド）への注目が高まっています。もともと蚤の市（P128）などが身近なフランス人ですからフリマサイトも活況で、ギャルリー・ラファイエットやプランタンの中にはセカンドハンドに特化した売り場が誕生するなど話題を集めています。

エコの意識を持った旅行を

旅行者もまた、フランス社会の環境ルールに従わねばなりません。スーパーでの買い物袋はもちろん有料で、簡易的な紙袋か**再利用可能な布製の袋が主流**となっています。そのため雑貨店や美術館、スーパーではオリジナルエコバッグを出しているところも多く、お土産にもおすすめなのでぜひチェックしてみましょう。マルシェや食材店では、紙袋の他に植物性プラスチック袋も今やスタンダードとなりました。
お惣菜などテイクアウトの容器も再生紙製、カトラリーもプラスチック製のものはなくなり、木でできたものになりました。**プラスチックゴミと使い捨てを減らすという意識**がフランスでは近年しっかり根付いてきているのです。

⚜ ペットボトルではなく、マイボトルを

ペットボトルの使用をできるだけ減らすために、マイボトルを持ち歩く人もずいぶん増えました。ホテルでも共用部分にウォーターサーバーを設置し、**ペットボトルを使わない環境配慮**をするところも出てきています。このあたりの意識は日本よりもずいぶん進んでいるように感じます。
ちなみに、パリには**給水ができるスポットが多数あります**。なかには、炭酸水が出るところもある（P107）ため、旅行者の中にもマイボトルを持ち歩き、ここで給水している姿を目にします。
また、150年の歴史がある公共の給水所「Fontaine Wallace（ワラスの泉)」も、今でも街並みに馴染む形で100近くも残っています。最後に、日本からの旅行者が心配する「パリの水道水は飲んでも大丈夫なのか」という点。結論から言うと、水質的には問題なく飲めます。ただミネラル豊富な硬水ですので、お腹の弱い方や小さなお子さん、健康上不安のある方、味に抵抗のある場合は、迷わず軟水のミネラルウォーターを飲みましょう。

街中にあるワラスの泉を探しながら歩くのも楽しい

コツ 10 FRANCE

時代とともに変化するフランスの気候

22時でも明るい夏のフランスを楽しもう

ヨーロッパの他国同様、フランスでは3月の最終日曜日から10月の最終日曜日の間、**「夏時間 ＝Heure d'été (ウール・デテ)」**になり、日本との時差は7時間となります (通常は8時間)。
最近はスマホなど自動的に夏時間に切り替わることが多いので (スマホの設定による)、以前ほど慌てませんが、夏・冬時間切り替えの日にフランスに滞在予定の方、とくに電車や飛行機の利用のある方は、気をつけましょう。3月の夏時間への移行日に、時計の切り替えを忘れると1時間の遅刻になってしまいます。
この夏時間のおかげで、フランスの夏は非常に日が長く、**夏至前後は22時を過ぎてもまだ夕方のような雰囲気**。治安には気を配りながら、夏のフランスの夜をたっぷり楽しみたいところです。なお、フランスを含むEU各国におけるサマータイムの廃止が2019年に欧州会議で決定されましたが、実際のところ、諸々の折り合いがつかず保留になっています。

傘は折りたたみ式が便利

パリで雨が降ってきても、全体的に日本よりも傘をささない人が多く、そこに文化の違いを感じます。
傘をささないその理由は、**一日中雨が降り続くような日があまりない**から。季節の変わり目などパリも意外と雨が降りますが、にわか雨が多く、青空から一転、急に大雨になったりします。こんなときは近くのカフェで雨宿りもいいですが、やはり日本から折りたたみ傘を持参しておくと安心です。ちなみに、**風情ある石畳は雨に濡れると滑りやすくなる**ので足元にもしっかり注意を。

⚜ 近年の猛暑に注意！

「Salle climatisée」と書いてあるのは冷房ありの店

カラッとして、爽やかで過ごしやすいイメージのフランスの夏ですが、それはもうひと昔前の話。近年の異常気象で、フランスでも**猛暑「Canicule (カニキュール)」**が毎年のように問題になっています。パリでも気温30度を越えるような日が何日もあります。湿度は日本より低いですが、日差しが強いため、かなりの体感温度になります。

地下鉄やバスは基本エアコンがなく、飲食店もエアコンがあるところのほうが珍しいので、室内は熱気がこもり、あまりゆっくり食事を楽しむこともできません。その点、**デパート、映画館、美術館は基本エアコン完備**なので、暑い日はこのような場所でゆっくり過ごすのがおすすめ。比較的涼しい午前中に外を歩いて、午後は美術館に行くなど、猛暑中の観光は体調に気を付けながら、無理のないペースを心がけましょう。熱中症対策としておすすめなのが、ミストスプレーです。薬局やスーパーで手軽に買えます。

なお、ホテルではエアコン完備の部屋が増えましたが、安いホテルはいまだにエアコンなしの部屋もあります。暑さに弱い方は念のため予約する前に確認したほうがいいでしょう。

コツ 11 FRANCE

古めかしい風情を楽しむ エレベーター&エスカレーター

レトロなエレベーターは手動式ドアが多い

近代的なエレベーターも増えてきたフランスですが、古めのホテルや民泊を利用する際には、日本とずいぶん勝手の違うエレベーターにも遭遇します。**ドアを手動で開けるタイプ**や、大人2人が乗ったらいっぱいになるような古い小型エレベーターも現役で使われていて、一般の建物や小さなホテルではよく見かけます。

エレベーターの**ドアの外側に取っ手が付いていたら手動式**なので、自分で開けてエレベーターに乗りましょう。外扉が閉まり、行先の階数のボタンを押せばエレベーターは動き出します。希望の階に着いたら、内扉は自動的に開くことがほとんどですので、それが開いたら、また手動で外のドアを押して降りるというシステムになっています。

超小型のエレベーターの場合、重量制限にはとくに気をつけなければなりません。大型のスーツケースを一度にいくつも乗せず、無理せず何度かにわけてエレベーターに乗りましょう。

フランスの1階=日本の2階になる

エレベーターに乗るとき注意しなければならないのが、**階数表示**です。フランスでは、外の道から入ってきたその階を「0階」と考えるので、そこからひとつ上がったところが1階、もうひとつ上に行くと2階……となります。**日本の1階は「Rez-de-chaussée(レ・ド・ショッセ)」**と呼び、エレベーターのボタンでは数字の「0」

で表示されることが多く、**「RC」または「RDC」**と書かれている場合もあります。
地下の階は総じて「Sous-sol（スゥ・ソル）」と呼びます。地下に階が複数ある場合は、地下1階は「－1（モワン・ザン）」、地下2階「－2（モワン・ドゥ）」と日本と同じく、下へ行くほど数が増えていきます。エレベーターのボタンでは、「－1」のように数字表示が一般的ですが、古いエレベーターだと地下（スゥ・ソル）の略である「SS」となっている場合もごく稀にあります。

エレベーターがある建物ならラッキー。6階でもエレベーターなしの建物もざらだ

⚜ エスカレーターでは右側に立とう

フランスのエスカレーターは日本人からすると少し古めかしいような印象を持つかもしれません。その古さからか、故障や点検などで止まっていることも頻繁にありますが、これも「フランスらしさ」。止まっているエスカレーターしかないため、そこを階段のように上がっていかねばならないシチュエーションは、まさにフランスあるあるといったところです。
基本的に乗り方は日本と同じですが、左側は急いでいる人のために空けておくのがルール。急いでいないなら、右側に立ちましょう。その際は、**バッグは（左側を人が歩くので）右手で持って体の前に抱えるようにする**と、邪魔にならないだけでなく、スリやひったくり被害の予防にもなります。またエスカレーターでのスマホ使用は、すれ違いざまに盗まれてしまうこともあるため厳禁です。

コツ 12 FRANCE

日本のようにはいかない トイレ&タバコ事情

トイレは行けるときに行っておく

海外旅行で気になるのが、その国のトイレ事情。フランスでは、美術館や飲食店、デパートなど**トイレがある場所では「行きたくなくても行っておく」のが鉄則**です。パリの街角には、無料で使えるボックス型の公衆トイレもありますが、使い方が独特だったり、お世辞にも清潔とは言えないので、おすすめはしません。また、国鉄のターミナル駅や一部のデパートではトイレ使用が有料というところもあります（その分、清掃は行き届いています）。

街の至る所にあるカフェも、トイレに行きたくなったときの強い味方。その場合はもちろん何かしら飲み物をオーダーすることになります。カフェのトイレは地下にあることが多いので、足元には注意しましょう。コーヒーチェーンやファストフード店ではトイレに入るのに数字を入力するコード式の場合もあります。コードはレシートに書いてあることが多いので忘れずにもらいましょう。

フランスのリアルなトイレ事情

カフェでもデパートでも、トイレの場所がわからないときは、お店の人に「**トイレはどこですか？＝Où sont les toilettes（ウ・ソン・レ・トワレット）？**」と尋ねましょう。語尾を上げて「トワレット？」だけでももちろんわかってくれます。

トイレの扉には、フランス語で女性用は「Femmes（または頭文字のFのみ）, Mesdames, Dames 」、男性用は「Hommes（または頭文字のHのみ）, Messieurs」と表記されていることもありますし、男女共用のこともあります。ドアの鍵が壊れている、トイレットペーパーがない、便座がない、便座がグラグラではずれそう、前に使った人が流していない、荷物を掛けるフックがない……、**いろいろな意味で戸惑ってしまうようなシチュエーションも多い**のがフランスのトイレの現状とも言えます。気になる人は、ティッシュペーパーはもちろん、除菌シートも持って行っておくといいですね。

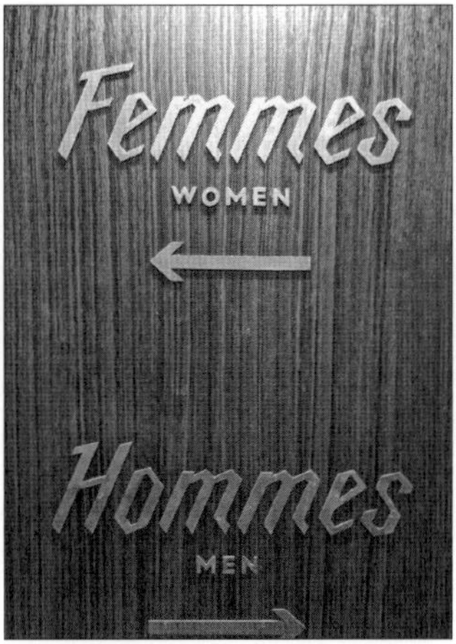

多くの場合マーク（ピクトグラム）で表してあるがなかには写真のように文字のみの場合も

タバコは外で！　屋内は禁煙なので注意

年々値上がりするタバコですが、現在一箱約12€と、ずいぶん高価な嗜好品になりました。フランスでは個人宅を除き**屋内はすべて禁煙となり**、ホテル、メトロの駅構内やレストラン、デパートなどすべて禁煙となります。逆に、カフェのテラス席は喫煙OKとなっているので、喫煙者には人気がありますが、タバコの煙が苦手な人は注意してください。テラス席でまわりに喫煙者がいないかを確認してから席を決めるといいですね。日本と違い、**街中に喫煙スペースはほとんどない**ので、至るところで歩きタバコをする人を目にして驚くかもしれません。子ども連れの場合は、煙や灰が子どもに直撃しないよう、とくに注意を払いましょう。

街歩きガイド Masayoのテーマ別パリの歩き方

19世紀のパリを歩こう 屋根付きパサージュ巡り

通りと通りを結ぶ抜け道である「Passage（パサージュ）」。
ガラス屋根のおかげで、雨の日も買い物を楽しめるとあって多くの人を魅了した、
19世紀のアーケード街です。現存するパサージュの中から4つを巡ります。

11:00

Grands Boulevards（グラン・ブルヴァール）駅スタート

▸▸ Passage Jouffroy （パサージュ・ジュフロワ）

ガラス屋根から光がさんさんと降りそそぐ明るいパサージュ。至る所に美しい装飾がほどこされています。左右だけでなく上も下も、見落としのないように。

11:15

パサージュ・ジュフロワのつきあたりから道を1本渡る。徒歩すぐ

▸▸ Passage Verdeau （パサージュ・ヴェルドー）

全長75mの短いパサージュです。すぐそばにある大通りの喧噪が嘘のような静けさで独特の時間が流れます。古めかしいカフェや本屋など、趣ある店が並んでいます。

11:30

パサージュ・ジュフロワの入口まで戻り、
通りをはさんで目の前。徒歩すぐ

▸▸ Passage des Panoramas （パサージュ・デ・パノラマ）

通路にびっしりと席を並べるレストランの間には古切手屋が点在します。人通りも多く、まるで19世紀当時の活気を取り戻したかのよう。

12:00

パレ・ロワイヤル方面を目指し、南下。徒歩15分。
途中Galerie VivienneとGalerie Colbertに立ち寄るのもおすすめ

▸▸ Galerie Véro-Dodat （ギャルリー・ヴェロ・ドダ）

市松模様の床が印象的なこのパサージュは、パノラマと対照的な雰囲気です。人通りも少なく、落ち着いていて、洗練された美しさが時を超えて残っています。

12:15

終了。そばにあるパレ・ロワイヤル公園
（Jardin du Palais-Royal）も時間があればぜひ

※時間は目安です。

2章

空港到着から
ホテルまで

コツ 13 FRANCE

CDG空港に到着 スムーズな入国審査を目指そう

旅の入口はパリのCDG空港

日本からフランスを旅するなら、直行便・乗継便いずれの場合も、首都であるパリの空港に到着します。フランス・パリの玄関口となるのは**シャルル・ド・ゴール空港（略称CDG）**。これは言わずと知れたフランスの有名な大統領の名前にちなんでいます。ただ、フランス人は**「Roissy（ロワシー）」と呼ぶことが多い**ので、シャルル・ド・ゴールで通じなければロワシーと伝えてみましょう。また、ルフトハンザやフィンエアーなどヨーロッパ系の飛行機の場合、各国の都市で乗り継ぎをして目的のフランスの都市に入ることもできます。パリから地方へ向かう場合は国内線に乗り継ぎ、または電車での移動になります。パリには、もう1つオルリー空港があり、そちらからもフランス国内線や欧州近距離線が就航しているので、国内線の場合はどちらの空港かを必ず確認しましょう。

シャルル・ド・ゴール空港には**ターミナル1～3**があり、とくに**ターミナル2は2Aから2Gまで7か所にわかれていてとても広い**です。タクシーやバスで市内から空港に行く場合は、ターミナルを事前に確認しておきましょう。また、入国・出国審査のある本館ターミナルからシャトルに乗って移動しなければならないサテライト（別棟）での発着となることもあります。この場合、出国審査を通ってから搭乗ゲートへの移動に時間がかかりますので、出発の際はとくに注意してください。

長蛇の列になることもある入国審査

フランスの航空会社と言えばエールフランス。食事にも定評がある

飛行機を降りると、**入国審査→荷物の受け取り→税関の通過**という順になります。基本的には、空港内にある表示に従って進めば、問題なく入国審査までたどり着きます。入国カードなども必要ないので、**入国審査**は、窓口でパスポートを渡し、質問された場合は答えるだけ（何も質問されない場合もあり）と基本的にはシンプルです。ただ、ここで**長蛇の列になることも少なくない**のです。人が多く並んでいるのに開いている窓口は1つしかなく、通過するのに1時間以上並ぶなんていう不運なケースもまれに聞きます。

そして、スマホに航空券やホテルの情報が入っている人も多いかもしれませんが、入国審査の場でそれらを聞かれたときのためにも、必ず印刷したものを日本から持参しましょう。

また、帰国時には、日本入国時の税関申告などをオンラインで手続きできるサービス「Visit Japan Web」も便利です。日本到着時に電子申告端末にQRコードをかざすだけで申告でき、入国をスムーズにすることができます。

空港で役立つフランス語

出・入国審査	Police aux frontières ポリス　オ　フロンチエール	パスポート	Passeport パスポール
荷物	Bagages バガージュ	税関	Douane ドゥアンヌ
出口	Sortie ソルティ	乗り継ぎ	Correspondances コレスポンダンス
空港	Aéroport アエロポール	搭乗口	Porte ポルト

コツ 14 FRANCE

空港から市内までの交通は人数と荷物の量で選択を

バス、電車、タクシー、目的に応じて選択を

CDG空港からパリ市内までの交通手段は、**主にバス、タクシー、電車（RER）**と様々にあります。それぞれにメリットとデメリットがあるので、到着時間や荷物の多さ、またホテルの場所に応じて使い分けるのが良いでしょう。

例えば、オペラ座エリアやプランタン（P119）周辺のホテル宿泊なら、オペラ座まで直行で行ける**Roissy Bus（ロワシー・ビュス）**が◎。

フランス人は郊外線である電車（RER）を利用する人が多いですが、夕方などのラッシュ時に大きなスーツケースを持って電車に乗ると

シャルル・ド・ゴール空港からパリまでの交通手段

	バス	電車	タクシー
名称	ROISSY BUS (ロワシー・ビュス)	RER　B線 (エールウーエール・ベー)	TAXI (タクシー)
パリの発着・停車場所	オペラ・ガルニエ	北駅／シャトレ／サン・ミッシェル／ダンフェール ロシュローなど	目的地まで ドアTOドア
料金	16.60€ (Navigo Easyにチャージする場合は14.50€)	11.80 €	パリ 右岸は56€、 左岸は65€
所要時間目安	60 〜 75分	30 〜 50分	50 〜 60分
備考	渋滞の影響を受けやすいので注意。荷物は自分で車内に運ぶが、まれに荷物置き場のないバスもあり	ストライキの場合あり。夜遅いときや荷物が多いときには、スリに注意が必要	定額制なので、人数が3人以上の場合は◎。(5人目から追加料金がかかる場合あり)

大変ですし、慣れない旅行者が乗り継ぎの駅で右往左往しているとスリにも狙われてしまいます（→大きな駅での乗換はP53をチェック）。荷物が多く、パリ初心者なら、**安全の面でもタクシーがおすすめ**です。RERは荷物が少なく、旅慣れている人向けと言え、あまりおすすめはしません。

定額で安心、タクシーがおすすめ

2016年春に**空港からパリ市内までのタクシー料金が定額**となりました。オペラ座などがあるパリ右岸なら56€、サン・ジェルマン・デ・プレなどパリ左岸なら65€となります。渋滞に巻き込まれても、早朝や夜など利用時間も関係なく、スーツケースなど大きな荷物の追加料金も必要ありません。金額的にはやや高いですが、ホテルまでストレスなく直行できるので結果、賢い選択と言えます。
ただし、空港到着フロアには正規の許可を取っていない白タクのドライバーも多く、「タクシー？」と声をかけてきます。**白タクは高額な料金を請求されたり、万が一の事故の際に大きなトラブルとなったりする**ので、声をかけられても相手にしないのが鉄則。きちんとタクシー乗り場から乗りましょう。

事前予約できる送迎サービスも便利

最近では事前に**ネットから予約できる、チャーターの送迎サービス**を利用する手もあります。こちらも定額制ですが、大型車で6名が一度に乗れたり、送迎のついでに車窓からの市内観光が付いていたりするものもあります。割高にはなりますが、**日本語が話せるドライバーによる送迎サービス**もあるので、言葉が心配な人は調べてみましょう。

コツ
15
FRANCE

星よりも立地がポイント！ホテル選びのコツ

設備や規模で6段階に分かれるランク

フランスでは、ホテルの規模や設備の内容により、**星の数でランク付け**がされています。**１つ星から５つ星、さらにその上の最高級ホテルである“パラス”**があります。基本は星が増えるほど設備面も充実するわけですが、必ずしもそれがホテルの料金や内容と比例するとは限りません。「４つ星のホテルより３つ星のホテルのほうが部屋がキレイだった」なんてこともあり得るのです。また、星表記は同じでも、パリと地方では部屋の広さなどに差があることもあります。

「ホテルの部屋に豪華さや特別なサービスを求めない」というなら**３つ星ぐらいのホテルを選ぶのが得策**。それ以下だとかなりエコノミーな感じになります。「素敵な部屋で滞在を楽しみたい」「ホテルのレストランで食事もしてみたい」など、ある程度のサービスを期待するのであれば、４つ星以上を目安にすると良いでしょう。

ホテルの入口付近に表示されている星ランク

ホテル選びの落とし穴に注意

ホテル選びにおいて、大事なポイントとなるのが“エリア”です。少し料金が高くても街の中心部のホテルにしたほうが、結果的に時間のロスも少なく、徒歩で移動もでき、タクシー代の節約になることも。観光の途中で荷物を置きに帰ることもできます。とくに滞在が短い場合は、中心の便利な場所を選ぶことをおすすめします。

日本からのお手頃な**パックツアーでは、4つ星と言いながら中心からずいぶん離れたホテルや郊外の大型ホテルを利用することも**少なくないです。そうなると何をするにも移動が大変で、夜遅くなると帰りの地下鉄も心配が出てきます。予算と立地を天秤にかけて、しっかりホテル選びをしましょう。空港から市内までバスや列車を利用する方は、そのアクセスも確認をお忘れなく。

⚜ ホテル到着。ロビーやフロントで油断は禁物！

長い空の旅を経て、空港からようやくホテルに到着。このあたりでふっと気が抜ける人も多いかと思いますが、まだ安心するのは早いです。日本でよく見かけますが、ホテルのロビーで荷物を置いてトイレに行ったり、少し席を外したりする行動、これは非常に危険です。様々な人が出入りする**ホテルのロビーは置き引きの被害**も注意しなければなりません。「今、置いたはずのカバンがない」とならないように、**荷物は必ず身近に置き、しっかり管理**しましょう。

ここに注意！

「プチホテル」のイメージに気をつけて

フランスの旅行パンフレットなどで目にする「プチホテル」という呼び方にもちょっと注意が必要です。隠れ家風でフランスらしいかわいいホテルをイメージしてしまいがちですが、実際ホテルに着いてみたら、ただのプチ＝小さいだけのホテルでがっかりだった、なんて話も……。プチホテルという呼び方だけで勝手な期待を膨らますのでなく、しっかりリサーチを。

コラム

＼ 宿泊だけではない！ ／
リュクス（豪華）なホテルの利用術

Brunch & Tea time

ブランチ＆ティータイムで優雅なひとときを

ホテルのレストランでのランチやディナーはちょっと敷居が高いという方でも、お茶やブランチならもう少しカジュアルに楽しめるはず。重厚でクラシカルなサロン、日差しの心地良い中庭、開放感のあるテラス席など、好みにあった場所を見つけてティータイムを楽しんでみては。たとえコーヒー１杯でも、ホテルの格式に合った一流のサービスが受けられますし、非日常の優雅な時間が過ごせること間違いなし。週末ならゆったり楽しめるブランチもいいですね。ブランチは事前の予約をお忘れなく。

旅の思い出にオリジナルグッズを

ラグジュアリーホテルでは、オリジナルアイテムや食材など買い物ができるブティックがあります。ホテル内と同じ香りのキャンドルやロゴの入ったキーホルダーなどは、決してお土産物屋さんにあるようなチープなものではなく、さすがのセンスとクオリティで大切な方へのギフトにぴったり。また紅茶やジャムなど、ホテルセレクトの食材や、専属パティシエの作る焼き菓子やショコラ、パティスリーの販売をしているホテルも増えてきています。

Souvenirs

フランスにはたくさんのラグジュアリーホテルがあります。最高級の「Palace（パラス）」はもちろん、4つ星でもかなりおしゃれなホテルも。泊まるだけではない、素敵なホテルの活用方法をご提案します。

Décoration

ハイセンスな内装&装飾を堪能

ラグジュアリーなホテルを楽しむなら、日本とは違った趣きの豪華な内装にもぜひ目を向けてみて。歴史を感じさせる建物そのものの美しさやきらびやかなシャンデリア、落ち着いた雰囲気をかもしだす間接照明、クラシカルな調度品とモダンアートの融合、フレッシュな花をふんだんに使ったフラワーアレンジメントなど、ホテル内を散策するだけでもうっとりする空間です。もちろん、場の雰囲気に合った服装、スマートな立ち居振る舞いを心がけたいですね。

アペリティフで大人な時間を楽しむ

「Apéritif（アペリティフ）」とは、食前酒のこと。そこから転じて、食前に飲み物と一緒に、おつまみを食べたりするカクテルタイムのようなことを指します。ホテルのラウンジやバーでは、一日中飲み物や軽食がいただけますが、とくに夕食の前の時間帯は、アペリティフを愉しむ心地の良い時間が流れています。飲み物だけでもいいですし、ハムとチーズの盛り合わせ、小皿料理から、クラブサンドイッチのような軽食まであるので、軽めの夕食にしてしまうのも◎。

Apéritif

コツ 16 FRANCE

ホテルの部屋に入ったら まずは設備をチェック！

日本と同レベルは期待しないこと

古いものや古くからの文化を大事にするフランス。近代的なビルがいきなり建ったりしないのは法律で決められているからだけでなく、古いものを大事にする意識が根付いているからでしょう。フランス、それもパリのような大都市でも、築100年を越えるような建物も当たり前に存在します。
もちろんホテルも同じです。**一般的なホテルでは、機能的で最先端の設備を備えた部屋はあまり期待しないほうがいい**でしょう。ベッドやバスルームなども日本の感覚から言うとどこか古めかしく感じるかもしれませんが、4つ星以上のホテルであればある程度の水準は保たれているはずです。
いずれにせよ**部屋に入ってチェックすべきは、水まわり**です。トイレの水が流れるか、そしてお風呂の水とお湯が出るかを確認しましょう。フランスの蛇口の表示は水が**「F」=Froid（冷たい）、お湯は「C」=Chaud（熱い）**となります。また、排水がつまっていて水が流れないというトラブルもあります。水まわりをチェックして何か問題がある場合は、すぐにフロントに言って対処してもらいましょう。

夏の旅行の場合、冷房は事前に確認を

冬は寒さ厳しくなるフランスでは、**セントラルヒーティング（中央暖房）**と言って建物の一か所で水を温め、それを各部屋にパイプを通して送る暖房がある場合が多いです。微妙な温度調節は利きませ

んが、建物全体が温かくなり、寒いフランスにはぴったりの暖房器具と言えます。一方、フランスは冷房普及率が低く、冷房がある家は稀です。ホテルの場合、4つ星以上は冷房がついていることがほとんどですが、心配な場合は事前に確認したほうが良いですね。

⚜ アメニティは最小限、スリッパは持参せよ

高級なホテルをのぞき、置かれている**アメニティはエコの観点からもミニマムで石鹸とシャンプーぐらい**の場合がほとんど。歯ブラシはまず置いていないので日本から持参しなければなりません。**忘れてはいけないのがスリッパ**です。スリッパがあるのも4つ星か5つ星以上の高級ホテルとなります。靴のままでは疲れがとれないので携帯用のスリッパを持参するのが◎。脱ぎ履きが簡単なサンダルやフラットシューズを持って行くのもおすすめ。室内用にしても良いですし、ちょっと外に出かけるときにも使えて便利です。ちなみに、エコの意識が高いフランスではタオル交換も、「替えてほしいタオルだけバスタブや床に置いておいてください」などと書いてあり、できるだけ洗濯物の量を減らす努力がされています。

ホテルの部屋にあるもの用語一覧

テレビ	Télévision テレヴィジオン	枕	Oreiller オレイエ	トイレットペーパー	Papier toilette パピエ　トワレット
暖房	Chauffage ショファージュ	蛇口	Robinet ロビネ	ランプ	Lampe ランプ
シャワー	Douche ドゥーシュ	椅子	Chaise シェーズ	ベッド	Lit リ
リモコン	Télécommande テレコマンド	毛布	Couverture クーヴェルチュール	石けん	Savon サヴォン
冷房	Climatisation クリマティザシオン	トイレ	Toilettes トワレット	カーテン	Rideau リドー
洗面台	Lavabo ラヴァボ	ソファ	Canapé カナッペ	タオル	Serviette セルヴィエット
テーブル	Table ターブル	シーツ	Drap ドラ	ドア	Porte ポルト

コツ 17 FRANCE

ホテルの部屋は家ではない 貴重品の管理は厳重に

セーフティボックスはないことも

ホテルに滞在するとき、もっとも注意を払わなければならないのが**貴重品の管理**です。残念ながら、「ホテルの部屋の中に置いておいたものがなくなった」ということも起こり得るのです。
部屋にセーフティボックスがあるホテルの場合はそれを利用しても良いですが、あるとも限りません。フロントに貴重品を預けるという習慣もないので、**パスポートや現金はしっかり自分で管理する**ようにしましょう。

大事なものはどこにしまう？

旅行者にとって、ホテルの部屋はくつろげるプライベート空間ではありますが、決して自分の家ではありません。清掃のスタッフなども出入りすることを考え、貴重品の管理には十分に注意したいものです。とくに、部屋の**目につくところに貴重品（腕時計や貴金属類、パソコンなども含む）を置くのは絶対にダメ**。基本的には高価な物や大事な物はセーフティボックスに入れるか、きちんとスーツケースの中にしまって、外出の際は必ずスーツケースのカギをかけておかなければなりません。
また、**パスポートはホテルに置かず、常に身につけて持つことを基本**としましょう。ただし、街中でもスリにも注意を払わなければならないので、外から見えないウエストポーチの中に入れておいたり、チェーン付きのケースに入れてカバンの内ポケットのファスナーと結んでおくなど、万全の注意を怠らずに。スッと取られない場所にしまうのがスリ被害を避ける安全のポイントとなります（スリについてはP20を参照）。

⚜ 朝食のときも気を抜かないで！

朝食がついている場合、パンやヨーグルト、シリアルなどが置かれており、ブッフェ式で好きなものを取ってくるセルフ・サービスが主流となります。このとき、気をつけたいのが**手荷物の置き場所**。食事を取りに行く際、スマホやカバンを置きっぱなしにしたままで行くのは絶対にやめましょう。ちょっとしたことで席を離れる場合でも、**大事なものは肌身離さず持つことが鉄則**です。
そして、一般のレストランでも共通して言えることですが、**椅子の背に貴重品の入ったカバンをぶら下げたり、足元にカバンを無造作に置かない**こと。可能な限り、目と手の届くところに置きましょう。椅子の背もたれと自分の背中ではさむようにするのもいいですが、カバンの肩ひもを腕に通すようにしたり、椅子に巻き付けたりして工夫しましょう。もちろんファスナーも開けられないように。テラス席や出入り口付近の席ではとくに注意が必要です。

お役立ち！ ひと言フレーズ

「部屋にセーフティボックスはありますか？」

Est-ce qu'il y a un coffre-fort dans la chambre ?
エス　キリ　ヤ アン　コッフル　フォー　ダン　ラ　シャンブル

「これはどうやって使うのですか？」

Comment ça fonctionne ?
コモン　サ　フォンクシオンヌ

コツ 18 FRANCE

暮らすように滞在できる！短期アパルトマンのススメ

⚜ アパルトマン滞在なら仲介会社を通すのが安心

より自由度の高い滞在方法として人気なのが、一般のアパルトマンに滞在する**「短期アパートレンタル（民泊）」**です。パリなどの大きな都市に滞在するなら、これを利用しない手はありません。その大きな特徴は自分もパリジャン（女性ならパリジェンヌ）気分で**暮らすように生活ができる**ということ。キッチン付きの部屋にはテーブルや鍋、食器類まで基本的な生活用品が揃っているため、自炊をすることはもちろん、お惣菜を買ってきて家で食べることもできます。

もちろん、デメリットもあります。なにか問題が生じた場合、ホテルのようにすぐにスタッフが対応してくれません。またホテルと違ってタオルの交換サービスもありません。部屋に洗濯機がない場合も多いので日本から多めにタオルを持参しておくと安心です。

なお、このような短期アパートを利用するなら、**日本人が管理する仲介会社にお願いするのがベスト**。日本語で洗濯機の使い方やゴミの出し方などの説明を受けられますし、細かい部分の問合せも日本語でできます。ネットで「短期アパート　パリ」などのキーワードで検索すると様々な会社が出てきますからチェックしてみましょう。

⚜ 短期アパートを選ぶ際のコツ

短期アパートは、立地や間取り、旅の目的などを軸に選ぶことになりますが、意外と見落としがちなポイントを紹介します。

エレベーター ▸▸フランスでは6階でもエレベーターのない物件がざらにあります。入居と退去の際、エレベーターなしでスーツケースを持って上り下りするのはかなり大変。体力に自信がない人はエレベーター付きの物件が◎です。

退去後の荷物の預かりサービス ▸▸ホテルと違って、入居前や退去後に荷物を預かってもらえず、その間のスーツケースをどうするかは大問題。有料でレイトチェックアウトを利用できる会社もあるので確認してみましょう。管理会社が預かってくれることもありますが、荷物を預ける場所がアパルトマンから遠い場合もあります。

電子レンジ ▸▸マストではないですが、あると非常に便利なのが電子レンジ。夜に食べきれなかったお惣菜を温めることもできます。トースターがあるとパンを焼けるのでなお良し！

フランス人の日常に近い感覚で滞在できるのは大きな魅力

洗濯機、コインランドリー ▸▸アパートに洗濯機があれば、持って行く服が少なくて済みますし、タオルなどもこまめに洗うことができます。ただし、使用方法は日本と違う場合もあるのでよく説明を聞くこと。洗濯機がない場合、コインランドリーを利用することになりますが、どこにあるのかを入居時に確認しておくのを忘れずに。また、日本から洗濯ネットを持って行っておくと便利ですよ。

別途手数料 ▸▸宿泊費以外に、別途、諸手数料がかかることがあります。退去時の清掃料、タオル代、リネン代等、最終的に合計がいくらになるのか、予約前にしっかり確認しましょう。また長期割引が適応されることが多いのも短期アパートの特徴です。

街歩きガイドMasayoのテーマ別パリの歩き方

パリのフォトジェニックなスポット巡り

パリの街はどこでカメラを向けても絵になります。もちろん、定番のトロカデロ広場からのエッフェル塔もいいけれど、他にもとっておきの一枚が撮れるスポットがたくさんあります。ということで、さっそく旅の思い出の一枚を撮りに行きましょう。

10:00 Saint-Paul（サン・ポール）駅スタート。そこから徒歩10分

▶▶「古い絵葉書のような中世の道」

サン・ジェルヴェ教会（Eglise Saint-Gervais）の裏手にあり、セーヌ川に向かって下る緩やかな石畳の坂道バール通り（Rue des Barres）。下からカメラを構えると、絵葉書のようなパリの一コマが撮れます。

10:45 セーヌ川沿いを西方面に進み徒歩25分

▶▶「芸術橋からパリを撮る」

Pont des Arts（ポン・デ・ザール）は、パリ最初の金属製の橋。橋の中心に立ち、左岸にある17世紀の建物であるフランス学士院（Institut de France）を撮る一枚がおすすめ。橋のたもとにある階段を下りて、下から見上げる橋も◎。セーヌ川沿いには古本やポストカードを扱うブキニストも並ぶ。

11:30 Louvre-Rivoli（ルーヴル・リヴォリ）駅から地下鉄でGeorge V（ジョルジュ・サンク）駅へ移動。そこから徒歩20分

▶▶「近代美術館からエッフェル塔を望む」

20世紀から現代に至るまでの美術品が楽しめる、パリ市立近代美術館。ここの外から撮るエッフェル塔はベストショット。ちなみに、この美術館の常設展は無料。ラウル・デュフィの大作「電気の妖精」は一見の価値ありです。

12:00 終了。セーヌ川沿いを進めばエッフェル塔もすぐ

※時間は目安です。

〈3章〉

交通を使いこなそう

コツ 19 FRANCE

パリジャンの足 メトロ（地下鉄）を乗りこなす

パリのメトロは案外シンプル

1900年、1番線の開通以来100年以上の歴史がある**地下鉄「Métro（メトロ）」**。現在は16の路線があり、それぞれに番号と色がつけられています。滞在先に到着したら、まず**最寄り駅が何番線の駅か、徒歩圏内に他の路線の駅があるかを確認**しましょう。

パリには地下鉄以外に、**パリと郊外を結ぶ「RER（エール・ウー・エール）」**があります。A線からE線まであり、ディズニーランドはA線、シャルル・ド・ゴール空港はB線、ヴェルサイユはC線が通っています。行先が枝分かれしていることが多いので、自分の目的地がどこ行きなのかを必ず確認してから乗りましょう。

旅のスタイルで選ぶ切符あれこれ

パリの地下鉄は、**市内であれば距離に関係なく均一料金**です。現在はまだ紙の切符が買えますが、パリを訪れる旅行者の主流となっているのが**「Navigo Easy（ナヴィゴ・イージー）」**です。これはチャージ式のICカードでタッチして使え、チャージする際に1回券、回数券、乗り放題券と、滞在の日数や旅のスタイルに合わせて選べるので無駄もなく便利です。日本の交通系ICと同様に顔写真も必要なく、地下鉄の窓口か券売機で初回にカードを購入し、同時にチャージします。

パリの地下鉄の切符抜粋

種類	料金	備考
Ticket t + チケ テー プリュス	1枚 2.15€	窓口や券売機で購入できる紙の切符。パリの地下鉄は出口に改札がないが、切符は出口を出るまで保管すること。検札の際に持っていないと罰金になる
Navigo Easy ナヴィゴ・イージー	カード代 2€	チャージ式の交通ICカード。カード代が初回にかかるが、その後はタッチで利用できるため便利。普通の切符、回数券、一日乗り放題券などをチャージして使用。窓口や券売機でのチャージの他、スマホアプリからチャージすることも可能。空港へ行くROISSY BUSでも使用可能
	Ticket T+ 2.15€	Navigo Easyでの1回乗車券
	Carnet 大人17.35€ 子ども8.65€	Navigo Easyでの10回の回数券。残り回数が表示される改札もあるが、されない旧式のものもある。紙の回数券(現在は廃止）はシェアして使用できたが、こちらはNavigo Easyを持っている本人のみ使用可能
	Navigo Jour 一日乗り放題券	Navigo Easyでの1日乗り放題券。ゾーン制でパリ市内の移動ならゾーン1～2(8.65€)、他のゾーン料金もあり

⚜ 大きな駅での乗り換えに注意！

気をつけるべきは、「Châtelet（シャトレ）」や「République（レピュブリック）」など**メトロが何路線も乗り入れている大きい駅や「Gare」と名が付く国鉄駅（P58参照）での乗り換え**です。長い通路を歩くことになったり、階段が多かったり、かなり時間がかかります。荷物の多いときや夜遅い時間などは避けるべきです。
また、パリでは、**メトロの駅が工事で閉まってしまう**ことがあります(RATPアプリで確認できる)。なかには、数か月におよぶ長期の閉鎖もあり得るのです。「Fermé（閉鎖）」「Travaux（工事）」と書かれていたら、その駅は利用できないのでご注意を。

コラム

＼写真映えする駅ばかり！／
パリの個性的なメトロの駅

Métro
11番線

Arts et Métiers

アール・ゼ・メチエ駅

ジュール・ヴェルヌのSFの世界に迷い込んだかのような錯覚を覚える駅です。駅の名前にもなっているアール・ゼ・メチエ博物館の200年を記念して、1994年に今のような内装となりました。ホーム全体は銅で覆われ、壁にはまるで潜水艦のような窓が配置されています。わくわくするようなこの演出、ひとつひとつの窓を覗いてみるとそれぞれにまたロマンを感じます。この世界観の余韻が消えないうちに、ぜひ博物館を訪れましょう。ちなみに、この駅のエリアには小さな中華街が広がっています。ランチに立ち寄ってもいいですね。

リエージュ駅

当初「ベルラン（ベルリンのこと）」と呼ばれていたこの駅は、第一次世界大戦開始と同時に「リエージュ」と名を変え、現在に至ります。リエージュとはベルギーにある街のことです。注目すべきは、２方面各ホームに施された計18のタイル画。タイルはすべてベルギーで作られたものですし、描かれているのもリエージュの教会やお城などの名所。とにかくパリにありながらも、リエージュへのオマージュが詰まった小さな駅です。ちなみに、非常に利用者の少ない駅のため、2006年までは20時には閉まり、日曜は閉鎖していたユニークな駅です。

Métro
13番線

Liège

パリにある地下鉄駅は300を超えます。なかにはユニークな内装の駅や面白いエピソードを持つ駅もあります。途中下車の価値あり、パリの地下鉄4駅をセレクトしてみました。

Métro
12番線

Abbesses

アベス駅

モンマルトルにあるアベス駅は、そのホームの深さ地下36m、パリでいちばん深い駅とされています。地上へは直通エレベーターか、螺旋階段で向かいます。この駅を有名にしているのは、建築家エクトール・ギマールにより20世紀初頭に作られたアール・ヌーヴォー様式の入口です。まさにパリの古き良きメトロの風情を感じるこちらは、歴史的建造物にも登録されています。じつはこのギマールの地下鉄入口、本来はパリ市庁舎駅にあったものを分解して、1974年、ここアベス駅に移動させたもの。それを知るとより趣を感じますね。

コンコルド駅

壁から天井までブルーのアルファベットが書かれた白地のタイルで覆われているこのホーム。３路線の乗り換え駅で、利用者の多いコンコルド駅ですが、12番線ホームのこのアルファベットが何を意味するかを知っている人は意外に少ないでしょう。これは、 かの有名な1789年のフランス「人権宣言」の条文なのです。隙間なく、ひたすらアルファベットが並んでいるので、フランス語のわかる人でもじっくり見ないと読めないようになっていて、そこがまたオシャレ。この12番線でオルセー美術館やボン・マルシェへも行けます。

Métro
12番線

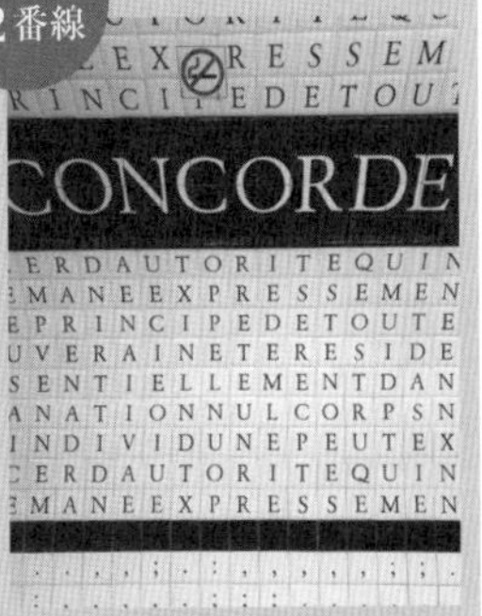

Concorde

コツ 20 FRANCE

車窓からの景色を楽しもう バスで旅するパリの街

バスは小回りがきいて便利

メトロに比べ、旅行者にはあまりなじみのないパリのバス。フランス語では「Bus（ビュス）」、「Autobus（オトビュス）」と呼びます。コツさえつかめば**メトロよりも小回りがきいて便利**な上、何よりパリの景色を車窓から眺めながら移動できるので、**観光気分も同時に味わうことができる**のでおすすめです。

パリではバスもメトロと同じ切符やNavigoで乗れます。切符の場合、メトロの券売機で買っておくのが◎。運転手からも買えますが、2.5€と割高になります。Navigoのチャージもバス停ではできないので注意。乗りたい路線が決まったら、バス停へ。路線図で乗るバスの番号と行先が間違ってないかを確認し、同時に降りるバス停もチェックしておきましょう。**降りる１つ手前のバス停の名前も忘れずに確認を**。希望のバスが近づいてきたら軽く手を挙げて運転手に合図します。乗車したらすぐに、Navigoの場合は専用の読みとり機にタッチ、切符は刻印機に差し込みます。これを忘れると抜き打ちの検札で罰金となってしまいます。

降りる際は、乗車前に確認した１つ前のバス停を過ぎたら、車内にあるStopボタンを押し、車内前方に「**Arrêt demandé**（次停まります）」のサインがついたのを確認すればOKです。ちなみに乗車は前方のドアから、降車は後方のドアからになります。

（※観光におすすめの路線についてはP64とP132をチェック）

乗る前に知っておきたい“バスあるある”

バスに関して知っておくと役立つポイントをおさえておきましょう。

日曜は運休の路線あり ▸▸バスの基本の運行時間は月〜土曜日の7時〜22時ごろまで（夜間も運行する路線もあり）。日曜や祝日は運休やルート短縮の路線もあるので注意が必要です。

時刻表はない ▸▸平日昼間の運行間隔は10〜15分が目安。早朝、夜間、日曜、祝日は便数が少なくなります。30分待ちなんて場合もあるので急いでいるときにはメトロを使ったほうが賢明です。

行きと帰りのバス停が違うことも ▸▸一方通行の道が多いので、行きと帰りでバスの通る道が違うことが多々あります。行きたい方向と行先を路線図で確実に把握し、正しいバス停で待ちましょう。

予告なくルート変更や途中降車の場合も ▸▸突然、アナウンスが流れ、まわりのフランス人がざわざわし始めたら要注意！　ルート変更やそのバスがそこでストップする可能性が高いので、近くのメトロに乗りかえるのが得策です。

スマホをうまく活用しよう

▸▸バス利用者の強い味方となるのがスマホ。RATPのアプリを使えば、近くのバス停、路線、バスが何分後に来るかもわかるので非常に便利。盗難に注意しつつ、スマホをうまく活用して。

このような簡易のバス停もあるので見逃さないように

コツ 21 FRANCE

フランス国鉄SNCF 切符はオンラインで早めが◎

⚜ フランス国鉄はSNCF（エス・エヌ・セー・エフ）

フランス全土を縦横無尽に走っている鉄道、それが**フランス国鉄のSNCF**です。フランスが世界に誇る**高速列車であるTGV（テー・ジェー・ヴェー）**もSNCFが運営していて、パリから各地方都市に行くときはこの鉄道を利用することになります。

SNCFの入口となるのは、パリ市内にある**駅=Gare（ギャール）**。ここからフランス列車の旅が始まります。**向かう地方ごとに出発する**

パリにあるSNCFの駅一覧

駅名	主な行先	備考
北駅 Gare du Nord	北フランス方面。 リールなど	ロンドン、ベルギーやオランダ行きの Eurostar（ユーロスター）もこの駅発着
東駅 Gare de l'Est	フランス東部、アルザス方面。 ストラスブール、ナンシー、ランスなど	ドイツやルクセンブルクへ行く国際列車もこの駅発着
リヨン駅 Gare de Lyon	リヨン、南フランス方面。 マルセイユ、エクサンプロヴァンス、ニースなど	イタリアやスイス方面への国際列車もこの駅発着。近くにはベルシー駅（Gare de Bercy）もあり
サン・ラザール駅 Gare Saint-Lazare	ノルマンディー方面。 ルーアン、ドーヴィルなど	パリでもっとも古い鉄道駅で、モネの絵にも描かれている
オステルリッツ駅 Gare d'Austerlitz	フランス中南部方面。 リモージュなど	セーヌ川を渡れば リヨン駅も近い
モンパルナス駅 Gare Montparnasse	ブルターニュ、ロワール、 フランス西部、南西部方面。 ナント、レンヌ、トゥール、ボルドー、トゥールーズなど	駅の目の前には、高さ210mのモンパルナスタワーがあり、夜景が美しいと評判

駅が異なるので注意しましょう。ちなみに地下鉄の駅は「Station (スタッシオン)」といい、国鉄の駅とははっきり区別をします。

⚜ 切符はオンライン購入が便利

駅には窓口や券売機がありますが、**旅行者には切符はオンラインでの購入が断然、便利**です。英語版もあり、料金検索をすると時間帯や列車の種類によって、一覧で出るので比較しやすくなっています。基本的に切符購入は早めにした方がお得で、座席の残りが少なくなればなるほど料金は上がっていきます。また、**切符の種類によって、変更や払い戻しの条件が違う**ので、購入前にしっかり確認するのを忘れずに。切符も保存でき、列車の遅延やスト情報なども見ることができるSNCFアプリも便利です。ただし、**切符は念のため印刷して持って行っておいた方が安心です**。

⚜ ローコストTGVの"ウィーゴー"

SNCFのホームページでTGVの料金検索をすると、Ouigo (ウィゴー) という文字が出てきます。これは、**TGVのLCCとも呼べる全席2等車の格安列車**です。切符のキャンセル、払い戻しは不可 (有料にて変更は可)。荷物の大きさや数にも制限があり、Wi－Fi、座席指定も有料オプションとなっています。
また、ローコストだけに、左ページのパリ市内国鉄主要駅とは別のパリ近郊にある駅発着の便もあるので、**予約時に発着駅名をしっかり確認することが重要**です。パリ中心から離れた駅まで郊外列車に乗って移動となると、時間のロスにもなりますので、よく検討してから切符を購入しましょう。

コツ 22 FRANCE

遅延やストライキetc…鉄道の旅、ここに注意！

時間に余裕を持って駅に着こう

しばしば予測しないことが起こるフランス。列車での旅の場合も、**出発時間には十分余裕を持って駅に到着しておきましょう**。国際線など、列車によっては何分前に到着するようにと切符に注意書きがある場合もあります。時間ギリギリの到着は絶対に避けてください。なお、**国鉄駅周辺や駅構内は、多くの人が集まる場所。盗難や置き引きなども多い（P20）ため、周囲には細心の注意を**払いましょう。**駅に着いてまず確認したいのが、出発情報が表示された掲示板**。乗る予定の列車の時刻や行先、遅延や何かしらのトラブルがある場合はここに表示されます。通常、出発時刻の20分ほど前に何番線に列車が入るか表示されますが、出発時間が近づいても表示がされない場合は、駅構内にいるSNCFのスタッフにチケットを見せて聞いてみましょう。なお、10分程度の遅延は割とよくあるので、焦らず、ホームに近いところで画面に注意をしながら待ちましょう。

切符は改札でQRコードをかざすのが主流

主にTGVは、ホームに日本のような自動改札があり、そこで**切符のQRコードをかざすというのが、最近の主流**になっていますが、乗り場付近でスタッフがチケットをスキャンすることもありますし、車内で検札が回ってくることもあり、

列車の種類や駅によっても違います。地方の駅では事情が異なる場合もあるので、それぞれの駅で尋ねましょう。なお、**国際線はもちろんのこと、国内移動でも、身分証明書（パスポート）の携行が義務となっています**。提示を求められることは少ないとは思いますが、念のためお忘れなく。

⚜ ストの場合の対処法

まず、ストは基本的には数日前にはニュースなどで発表されます。その場合、オンラインで切符を購入し、メールアドレスを登録している旅行者の場合はメールでお知らせがくるでしょう。そこに**Grève（グレーヴ）**や**Mouvement social（ムーヴモン・ソシアル）**という文字があれば、すぐに自分の乗る便の状況を確認せねばなりません。どの程度の規模のストなのかはその都度異なりますので、**状況を見極めることが大事**です。わからなければ、切符を見せてホテルのスタッフに聞いてみてもいいでしょう。払い戻しや変更の手続きも基本オンラインで行います。駅構内は、ストの際はかなりの混雑が予想されると思ってください。ちなみに、スト中によく目にする「1 train sur 3」などの表現は、「3本に1本」の割合に便を減らして運行するという意味です。

駅・列車で役立つ用語一覧

列車	Train トラン	定刻	À l'heure ア　ルール
切符	Billet ビエ	目的地	Destination デスティナッシオン
プラットホーム	Voie ヴォワ	遅れている	Retardé ルタルデ
到着	Arrivée アリヴェ	キャンセルされた	Annulé ／ Supprimé アニュレ　シュプリメ
出発	Départ デパール	払い戻し	Remboursement ランブルスモン

コツ 23 FRANCE

タクシー、自転車、船など いろいろあるパリの乗り物

一長一短のタクシー＆配車アプリ

夜遅くなったときや荷物が多いときに便利なタクシー。パリの正規タクシーはメーター制で、目印は車の上の「TAXI PARISIEN」の文字。**緑のランプが点灯していれば空車、赤いランプ点灯、ランプが消えてる場合には乗れません**。原則として流しのタクシーはなく、**駅前などにある「TAXIS」の看板のある場所から乗りましょう**。扉は手動となり、自分で開け閉めするタイプになります。
行先はスマホで見せるか、メモを渡してしっかり伝えましょう。**口頭で言うよりも、文字で見せたほうが確実**と覚えておいてください。
支払いは、カードの使えるタクシーも増えましたが、現金のみの場合もあるので、確認してから乗りましょう。
昨今では、「Uber」をはじめ**配車アプリ**の利用も増えています。事前に料金がわかるので安心ですし、人数に応じてワゴン車など車種も選択できたりします。ただし、タクシーは専用道路を通れますが、配車サービスの場合は通れないので渋滞の際は時間がかかってしまうことも。その分、料金はタクシーより安い場合もあり、まさに一長一短という感じです。いずれの場合も、**車内ではシートベルトの着用**を忘れずに！

お役立ち！ ひと言フレーズ

「（※地図や住所を見せながら）ここへ行きたいです／ここで降りたいです」

Je voudrais aller ici. ／ Je voudrais descendre ici.
ジュ ヴドレ アレ イッシ ジュ ヴドレ デッサンドル イッシ

パリの街を彩る乗り物

地下鉄やバス、タクシー以外にもあるパリの乗り物を紹介します。

シェア自転車「Velib'」
▸▸パリ市内の短距離移動に便利なシェア自転車。専用アプリを使って利用可能。パリジャンにも人気で1回／1日／3日間のパスがあるが、歩道の走行禁止など日本と違うルールも多く、利用時は安全に細心の注意を。

ケーブルカー「Funiculaire」 ▸▸モンマルトルの丘にて、サクレ・クール寺院前の階段を上らずに済むこのケーブルカーは、観光客だけでなく、丘の上に暮らす人たちの足。地下鉄と同じ切符を使用。

観光列車「Petit Train」 ▸▸モンマルトルの見どころを回ってくれる、ちょっとレトロなプチトラン。サクッとひと回りしたいという方に最適。小さなお子さん、シニアの方にもおすすめ。

水上バス「Batobus」
▸▸セーヌ川を行来するバトービュス。エッフェル塔、ノートル・ダム大聖堂、ルーヴル美術館など9の船着場があるが、1回ではなく1日券の購入となるため、何度か使う予定がないと割高に。セーヌ川が増水しているときは運休。

2階建て観光バス ▸▸好きなところで乗り降り可能で、パリの主要観光地を回る。屋根なしの2階席からパリを眺めることができ、天気の良い日はとくに開放感があって気持ちがいい。

路線バスで巡るパリの街

～セーヌ川沿いを行く72番～

パリ右岸をセーヌ川に沿って走る72番バス。エッフェル塔、コンコルド広場にルーヴル美術館と観光スポットをカバーしている路線です。パリの街を東から西へ、バスの旅を堪能しましょう。

START

▸▸ Hôtel de Ville（オテル・ドゥ・ヴィル）

パリ市庁舎前そばのBHV(P119)から乗車。すぐ近くにはゴシック・フランボワイヤン様式の塔、Tour Saint-Jacques（トゥール・サン・ジャック）がある。中世には、巡礼の起点ともなった教会の塔です。

▸▸ Palais Royal-Musée du Louvre（パレ・ロワイヤル・ミュゼ・デュ・ルーヴル）

パリが誇るルーヴル美術館へはここで下車。シンボルにもなっているガラスと金属でできたピラミッドは必見です。

▸▸ Concorde（コンコルド）

チュイルリー公園とシャンゼリゼ大通りを結ぶ、パリの中心と呼ぶにふさわしい広場。ひときわ目を引く高さ23mのオベリスクは、エジプトから贈られたもの。コンコルド広場の象徴です。

▸▸ Alma-Marceau（アルマ・マルソー）

ハイブランドが軒を連ねるモンテーニュ通りはこちらで下車。セーヌ川の遊覧船であるバトー・ムッシュ乗り場もすぐ。

▸▸ Pont d'Iéna（ポン・ディエナ）

左手に見えてくるのが高さ324mのエッフェル塔です。イエナ橋を渡るとエッフェル塔の足元まで行けますし、トロカデロの丘に上って高台からエッフェル塔を眺めるも良し。スリには十分ご注意を。

Bus No.72

【運行区間】
Gare de Lyon（ギャール・ドゥ・リヨン）▶Parc de St-Cloud（パルク・ドゥ・サン・クルー）

▸▸ Pont de Bir-Hakeim（ポン・ドゥ・ビル・アケム ※P110）

エッフェル塔が近くにそびえたつビル・アケム橋は格好の撮影スポット。ここから眺めるエッフェル塔はとても美しいです。バス停のあるパッシー駅側は、高級住宅地として知られる16区。対岸は、パリにしては珍しく近代的なビルの建つ15区になります。

※逆ルートのビル・アケム方面からオテル・ドゥ・ヴィルに向かう場合、上記とは異なり、コンコルドからルートが変わります。

4章

ようこそ！美食の国へ

コツ 24 FRANCE

食いしん坊にとって天国！ 魅惑的で奥深いフランス料理

⚜ フランスの誇りである「フランス料理」

「フランス料理」はユネスコの無形文化遺産にも登録されていて、フランス人も強い誇りを持っています。美食の国フランスに来たからには、ぜひ本場の美味しいフランス料理を堪能してほしいところ。まずは、そのための基本となる3つのポイントをおさえましょう。

予約について ▸▸ 人気のレストランは予約が望ましいところが多いです。とくにディナーは予約が◎。アレルギーや席の希望などリクエストも伝えておくと良いですね。日本からオンラインで予約、またはフランス到着日にホテルでお願いしましょう。

服装について ▸▸ 店の格式や雰囲気によりますが、**星付きレストランでなければ無理してスーツやワンピースを着る必要はありません**。価格設定は高めでも客層も若く、カジュアルな店なら、こぎれいな服装であれば全く構いません。逆に、手ごろな価格だけど、官庁街のシックなエリアにあるような店であれば、男性は襟付きシャツがスマートです。

混雑する時間帯 ▸▸ **昼夜ともに日本よりもかなり遅め**で、ランチは13時半ごろ、ディナーは20時半ごろが混雑するピークの時間帯。普通の店なら開店直後を狙えばほぼ入店できますが、時間におおらかなのがフランス。開店時間になっても準備中だったり、予約時間ぴったりに行っても前のテーブルが片付いておらず、待たされることもあります。

食事とおしゃべりを楽しむのがフランス流

フランス人にとって「食事＝喜び」と言っても過言ではないほど、食事の時間を大事にします。その根底には**「食べることはもちろん、テーブルを囲む人とのおしゃべりを楽しむ」ことが食の醍醐味**なのだという考えがあるからでしょう。メニュー選びの段階で、ひとりが「ヴァカンス中に食べた牡蠣が最高だった」と言えば、牡蠣の品種はどれがいちばん美味しいかの議論が始まることもしばしば。とくに夜は、時間を気にせず楽しむ傾向にあるので、店側もあまりせかせかしないのがフランス流。旅行者もそのリズムを楽しむつもりで、**食事の時間は余裕をもって予定に組み込んでおきましょう**。とは言え、フランスの食習慣もずいぶん変わってきました。パリなど大都市では顕著で、**平日のランチはササっとメインだけで済ます人も多い**です。ちなみに、クレープリーと呼ばれるクレープ専門店もランチにはぴったり（下のコラム参照）。また、パン屋にはサンドイッチはもちろん、具だくさんのサラダやキッシュなどもあります。イートインスペースがあるところも増えていて、旅行者も入りやすいので利用してもいいですね。

耳よりコラム

フランス人も大好きな「Crêperie（クレープリー）」

フランス人が大好きなクレープ。歩きながら食べるクレープを販売するスタンドの店も街中にはありますし、モンパルナス駅周辺にはクレープ専門店が何軒も並ぶ、通称“クレープ通り”もあります。もちろん、それ以外のエリアにも美味しい店は数多くあります。ランチタイムは混み合うので少し時間をずらすのもいいですね。

フランス各地の名物・郷土料理

フランス各地に様々な名物料理があります。その中からいくつかピックアップ。日本人にも食べやすいものをセレクトしました。

⚜ブルターニュ「そば粉のギャレット」

そば粉で作ったクレープを「Galette（ギャレット）」、日本でもよく食べるような小麦粉で作った甘いものを「Crêpe（クレープ）」と呼びます。ブルターニュのバターをたっぷり使って焼くギャレットには、ハム、チーズ、キノコや卵などの具材をはさんで食べます。飲み物には、やはりブルターニュ名物であるリンゴの発泡酒「Cidre（シードル）」を。「Doux ドゥー（甘口）」と「Brut ブリュット（辛口）」から選べます。

⚜南フランス「ソッカ」

南フランスのニース名物「Socca（ソッカ）」。ひよこ豆の粉で作った厚めのパンケーキのようなもの。ニースからイタリア国境を越えるとファリナータと名前を変え、イタリアの一部でも食べられています。材料はいたってシンプルで、ひよこ豆の粉、オリーブオイル、塩、コショウ、そして水。大きな皿に生地を広げ、オーブンで素早く焼いたのを切り分けてくれます。焼きたてはサクサクふわふわ、素朴な美味しさが口に広がります。

⚜ 北フランス「フリット」

フランス人の大好物「Frites（フリット）」とはフライドポテトのこと。ベルギー国境に近いことから北フランスのリールを中心とするこの地域では、人が集まるところにはフリット専門のスタンドがたくさんあります。フリットだけでも食べますが、ムール貝とあわせて食すのも定番です。

⚜ アルザス「ベッコフ」

白ワインに漬け込んだ３種の肉（牛、羊、豚）をジャガイモ、にんじん、その他香味野菜などと一緒に蒸し焼きしたアルザスの伝統料理「Baeckeoffe（ベッコフ）」。陶器でできたベッコフ専用の鍋に蓋の隙間から熱が逃げないよう小麦粉を練った生地を貼り付けて、オーブンで焼くのが伝統的な調理方法です。時間をかけて煮込まれたベッコフは、具材にしっかり味がしみ込み、お肉はとろとろ、絶品です。

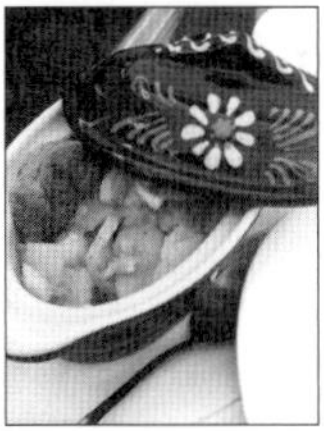

⚜ サヴォワ「ラクレット」

大きなチーズを火に当て、とけてきたところを削ぎ落として、ジャガイモやハムにかけて食べる、サヴォワの名物料理「Raclette（ラクレット）」。箸休めとして、酢漬けのピクルスや玉ねぎなどを添えるのが定番。ちなみに、日本の鍋料理に似た感覚で、フランスでは冬になるとラクレットを楽しむ家庭も多いです。

コツ 25 FRANCE

レストランにまつわる知っておくべき、あれこれ話

観光地近くのレストランは要注意！

「パリで食事をしたけれど、ガッカリだった」なんて悲しい言葉を耳にすることがあります。しかし、よくよく聞いてみると、観光客向けの店を選んでいることがほとんど。それでは失敗するのも当然と言えます。

では、何を基準に選べば良いのでしょうか。まず、**観光地そばにあるような店は避けましょう**。そして、店先にメニューが出ているならそれをしっかりチェックせねばなりません。英語だけでなく、**多言語のメニューがある場合は入るのをやめておく**ほうが◎。というのも、メニュー表が数か国語ある＝メニューが長い間変わっていない、つまり、季節に関わらず年中同じものを出す店なのです。また、**メニューに載っている料理が多すぎる店も×**。前菜やメインの種類がそれぞれ10種類もあるような店は、出来合いのものを提供している可能性大です。残念ながら、店によっては冷凍食品にひと手間加えてそのまま出すようなところもあるのです。そんななか、美味しい店を探すうえで目安になるのが、**入口ドアに貼ってあるステッカー**。有名ガイドブックやインターネットサイトなどで紹介された店のしるしです。ホテルの人におすすめの店を聞いてみるのも良いですね。行きつけの店を教えてくれることでしょう。

ステッカーの多さはその店の勲章とも言える

⚜ 変わりつつある食への意識

QRをスマホで読み取るだけ

コロナ禍を機に**非接触のメニューも増え**、QRコードがテーブルに設置されている店をよく見かけるようになりました。同じく、QRコードから支払いができる店も出てきました。

ところで昨今、**フランスにおけるフードロス削減への取り組みは、目を見張るものがあります**。その高まりから、食品店で余ったものを、元の価格の半額程度で購入できるフードロス対策アプリが登場し、人気となっています。加盟店は、パン屋や有名パティスリーなどがあり、中身の詳細は分からないことが多いですが、総じてお得になるので、若者を中心に利用が増えつつあります。

また、フランス料理の場合、食べきれなかったものを持ち帰りする文化はありませんが、そこにもフードロスの意識が浸透し始めています。例えば、普段からテイクアウトや宅配をしているような店、中華やピザのレストランでは、快く持ち帰り用に包んでくれることがほとんどです。ただし、シックな店や格式の高い伝統的な店では控えたほうが無難です。ちなみに持ち帰り用にお願いすると、容器代がかかることもあるので覚えておきましょう。

ここに注意！

一皿のボリュームをあなどるなかれ！

レストランにもよりますが、やはり日本に比べて一皿の量が多いフランス。自分のおなかの減り具合に応じて、頼み方を調整しましょう。料理をシェアするという文化は基本ないので、メイン1品しか頼まずに、それを2人でシェアするのはあまり好まれません。ただし、ハムの盛り合わせなど、メニューに「A partager」と書かれていたらそれはシェアしても大丈夫です。

コツ 26 FRANCE

入店からオーダーまでのコツ メニューはこう解読せよ！

第一印象は大切。挨拶を忘れずに

レストランでのステキな時間は、入店の段階から始まっています。まずスタッフに、**昼なら「Bonjour（ボンジュール）」、夜なら「Bonsoir（ボンソワール）」と笑顔で挨拶**をします。予約をしているなら名前を、そうでなければ人数を伝えて案内されたテーブルに進みます。席の希望があれば、伝えてみても良いですね。

黒板メニューを狙え！

席に座ったら、いよいよメニューの解読がスタート。フランス料理では、基本は**前菜（Entréeアントレ）▸▸ メイン料理（Platプラ）▸▸ チーズ（Fromageフロマージュ）▸▸ デザート（Dessertデセール）▸▸ コーヒー（Caféカフェ）または紅茶（Théテ）がコースの一連の流れ**となります。伝統的なフランス料理では、メインは魚と肉が各1品ずつとなりますが、モダンフランス料理ではどちらか1品の場合がほとんど。おなかの具合に合わせて、チーズやデザートをパスすることもできます。

通常の印刷されたメニューの他に、**その日のおすすめが書かれている手書きの黒板メニュー**があることも。季節の食材を使った料理など、旬の美味しいものに出会える可能性が高いです。店の人におすすめSuggestion（シュグジェスチォン）や代表料理Spécialité（スペシャリテ）

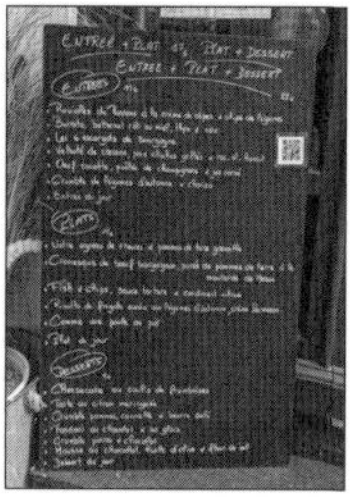

黒板メニューには旬の料理が並ぶ

を尋ねてみたり、他の人が食べているものをさりげなくチェックして、「美味しそう！」と思うものがあれば「同じものをください＝La même chose, svp.（ラ・メーム・ショーズ、スィル・ヴ・プレ）」と、そのテーブルのほうを見ながら注文するのもいいですね。ただし、フランス料理のメニューの中には、猪（Sanglier）などのジビエ（Gibier）、鳩（Pigeon）、ウサギ（Lapin）といった食材を使った料理、または生肉のステーキ（Steak tartare）など、日本ではあまり馴染みのないものがあることも。自分の**苦手な食べ物はフランス語で覚えておく**のもコツかもしれません。

いよいよ注文。パンは食べすぎに注意

注文したいものが決まったら、**メニューを閉じてテーブルに置くと「注文お願いします」の合図**となります。少し待っても注文をとりに来てくれないときは、うまく目で合図するか、軽く人差し指を立てて合図しましょう。大きな声で呼んだり、ハイっと手を挙げるのはマナー違反です。なお、**デザートの注文はメインを食べ終えてからする**のが一般的です。また、フランス料理に欠かせないパンは、食事とともに基本的に無料で提供されますし、**「Du pain, svp.（デュ・パン、スィル・ヴ・プレ）」**と言えば、お代わりを持ってきてくれます。もちろん追加料金などはかかりませんが、美味しいからと言って食べすぎると、メイン料理が入らなくなるのでご注意を。

レストランで知っておきたい用語一覧

メニュー	Carte（カルト）		セットメニュー	Menu／Formule（ムニュ／フォルミュール）	
本日の一品	Plat du jour（プラ デュ ジュール）		予約	Réservation（レゼルヴァシオン）	
肉料理	Viande（ヴィアンド）	魚料理	Poisson（ポワソン）	野菜	Légume（レギューム）

コツ 27 FRANCE

食事中から支払いまでスマートな交流を心がけて

キャラフとは水差しのこと

⚜ 好みと料理に合った飲み物を

料理の注文が終わると「飲み物＝Boisson（ボワソン）」についても聞かれます。**食事中の飲み物はワイン（Vinヴァン）か水（Eauオー）**が一般的です。水は有料のミネラルウォーターとなり、必ず炭酸入り（ガズーズまたはペティヤント）か炭酸なし（プラット）かを聞かれます。庶民的な店であれば、無料の水道水を頼むこともできます。「ユンヌ・キャラフ・ドー、スィル・ヴ・プレ」と言えばOKです。

しかし、**フランス料理を楽しむパートナーと言えばワイン**です。フランスの誇る食文化でもあるワインは、安価なものから超高級なものまでまさにピンキリ。少人数ならボトルで注文するよりは、料理に合わせてグラスで白ワインや赤ワインを注文する方が様々な味を楽しめます。グラスは「Un verre de～（アン・ヴェール・ドゥ）」となり、赤ワインなら「ヴァン・ルージュ」、白ワインなら「ヴァン・ブラン」とオーダーしましょう。

⚜ 食事中、気を付けるべきこと

フランス語ではスープは飲むと言わず、食べると言います。このことからもわかるように、**食事中はできるだけ音をたてない**ように心がけてください。ただし、乾杯のときは別。乾杯を意味する「Santé(サンテ)」と言いながら、相手の目を見てグラスを軽く合わせます。その他のNG例をいくつか挙げるなら「口の中に物を入れて話す」、「パンを一口ずつにちぎらずかじる(サンドイッチは例外)」、「フォークやナイフで人や物を指す」など。これらをするとまわりから白い目で見られます。大切なのは、場の雰囲気を壊さずに、美味しい食事と時間を楽しむこと。それ以外は、かなりシックな店でない限り、とくに気にすることはありません。

⚜ 時間がかかることもある支払いとチップ

レストランで楽しい食事を終えたら、最後に支払いです。**フランスではテーブルでの支払いが基本**。スタッフに「**お勘定お願いします＝L'addition, svp.(ラディッシオン、スィル・ヴ・プレ)**」と頼めば、計算をして持ってきてくれます。逆に頼まない限り、会計を持ってくることはまずありません。

計算書がきたら、必ず内容を確認してから支払いましょう。ここで悩むのがチップです。フランスのレストランは15%のサービス料込みが基本なので、気持ちの良いサービスを受けたらチップを渡す、くらいの感覚でOKです。料理やサービスの満足度、また店のグレードによってもチップの額は違ってきますが、合計額の5～10%程度が相場だと思っておきましょう。渡し方は、会計後のトレーにチップを置いて席を立つというのが一般的です。子どもに親切な対応をしてくれた、特別なリクエストに応じてくれた、タクシーを呼んでくれたなどのときは、少し多めにチップを置いてもいでしょう。美味しい食事と素敵な時間を楽しめたなら、**「ありがとう、ごちそうさま」の気持ちを込めて、額にとらわれ過ぎずがコツ**です。

コツ
28
FRANCE

パリで世界の味巡り！フランスで各国料理を楽しむ

文化もいろいろ、料理もいろいろ

フランスには、モロッコ系、イタリア系、チュニジア系、ベトナム系などじつに多様なルーツ・文化を持つ人がいます。それだけに、**伝統的なフランス料理だけでなく、様々な各国料理のレストランが存在**します。中国やベトナム系、中東系はもちろん、パリにはインドレストランの建ち並ぶ通りまであり、じつにバラエティ豊か。毎日フランス料理では飽きてしまいますから、**食事の予定を組むときに、これらフランスで定着している各国料理を間にはさむ**とバランス良く楽しめるでしょう。

ちなみに、我らが日本の寿司も市民権を得ていますが、その多くは私たちの知っている日本食とは似て非なるもの。しかし、パリには本格的な寿司屋や日本人経営のうどん屋もありますし、最近ではおにぎり屋ができ、フランス人にも人気となっています。

数ある中でおすすめしたい、この一品！

フランスの街で見かける各国料理の中で、**リーズナブル、しかも日本人の口に合うもの**を独断で紹介します。日本ではあまり食べる機会がないものばかりなのでぜひ試してみてください！

Couscous（クスクス） ▶▶小学校の給食にも出る、もはやフランスの国民食のひとつ。米より小さな粒状のパスタ「クスクス」に、野菜たっぷりのスープをかけて食べます。これに、鶏肉や羊、子羊肉の串焼き、ちょっとスパイシーなソーセージ「メルゲーズ」、肉団子「ケフタ」などをプラス。パリ5区のモスケにあるレストラン（P109参照）は観光客も入りやすく、内装もきれいでおすすめ。

Banh-Mi（バンミー） ▸▸ベトナム風のサンドイッチ。バゲットに、甘酸っぱいにんじんの千切り、キュウリや香草とともに鶏肉や豚肉などがサンドされています。パンの美味しいフランスですから、本場で食べるベトナム風サンドイッチを上回るほどの美味しさ。

Falafel（ファラフェル） ▸▸ひよこ豆でできた小ぶりなコロッケと野菜がたっぷり詰まったピタパンサンドは中東の定番料理。パリのマレ地区あたりは「ファラフェル」のお店がズラリ。観光客のみならず、パリジャンにも人気です。

Kebab（ケバブ） ▸▸大きな羊肉や仔牛肉の塊を削いでピタパンにはさんだケバブサンドイッチは、フランスでは「Grec（グレック）」とも呼ばれ、パリ5区のカルチエラタン周辺に店が多く並んでいます。非常に食べ応えがあり、しかも安いので男子学生に人気です。

Chawarma（シャワルマ） ▸▸パリジャンも大好きなレバノン料理のサンドイッチのこと。具はさっぱりした塩レモン味のチキンがおすすめ。その他、スパイシーなひき肉やチーズ、野菜など好みの具材をのせて焼いた「Galette libanaise（ギャレット・リバネーズ）」もぜひ。

クスクス

ピリッとする香辛料アリッサやレーズンを好みで添えて

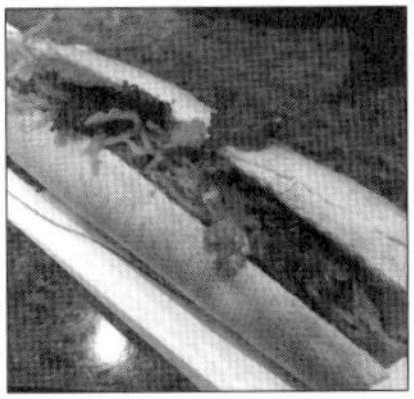

バンミー

ボリュームたっぷりで価格も安く、野菜も多いのがうれしい

ケバブ

フランスのケバブはポテトも一緒にサンドするものもあり

コツ 29 FRANCE

たまにはホテルで寛ぎながら“アンポルテ”で部屋ごはん

⚜ 疲れた日は部屋でササッとが◎

レストランでの食事はどうしても時間がかかるのが難点。「疲れたから今日はササッと食べて早めに寝たい」というときは、「部屋ごはん」を心からおすすめします。
フランス語では、**テイクアウトのことを「Emporter（アンポルテ）」**と言います。逆に**店内で食べることを「Sur place（シュール・プラス）」**と言い、ファストフード店などでは必ず聞かれます。
フランス料理のお惣菜店Traiteur（トレトゥール）には、キャロット・ラペ（ニンジンサラダ）、レンズ豆のサラダ、キッシュなど様々なフランス家庭料理が並びます。他にもレバノン、イタリア、ギリシャ料理をはじめ、日本人にもなじみのある中華のお惣菜店も多いです。日本で食べる中華とはひと味違うフランスの炒飯や春巻きを味わってみるのもいいでしょう。こんなときのために**割り箸や紙皿などを日本から持参しておく**と非常に役立ちます（フランスでは有料の場合も）。スーツケースに忍ばせておきましょう。

⚜ デパートのグルメ館に行ってみよう

ワンランク上の部屋ごはんを堪能するならデパートに行ってみましょう。パリでは、**デパートのグルメ館が充実**しています。左岸ならボン・マルシェの食品館（La Grande Epicerie de Paris）、右岸ならギャルリー・ラファイエットの食品館（Galeries Lafayette Gourmet）は、グルメも唸るようなこだわりの食材や食品が並んでいます。どちらもシャルキュトリーと言われるパテやハム類からパン、パティスリー、チーズ、ワインに至るまで、デパートのグルメ館に行けば、何でも揃うと言っていいでしょう。もちろんお惣菜も充実。レストランと違って、**いろんな国の料理を少しずつという楽しみ方**もできます。

トライあるのみ！　ドキドキの注文

お惣菜のテイクアウトでもっとも緊張するのが店員さんへの注文ではないでしょうか。しかし、対面式販売で使うフレーズは、じつは決まりきったものがほとんど。買いたいお惣菜を指さし、「1人分ください＝Pour 1 personne（プール・ユンヌ・ペルソンヌ）」と頼めばOK。春巻きやキッシュなどは1個単位で購入できます。言葉がわからなくても、指さしとジェスチャーを巧みに利用しつつ、**希望のものをオーダーし、最後に「C'est tout.（セ・トゥ）＝それで全部です」**と告げればOK。買ったものが美味しくてもイマイチでも、ステキな旅の思い出になること間違いなしです。

お役立ち！ひと言フレーズ

「温めてもらえますか？」

Pouvez-vous chauffer, s'il vous plaît ?
プヴェ　ヴ　ショッフェ　スィルヴプレ

「もっと少なく（多く）してください」

Un peu moins (plus) , s'il vous plaît.
アン　プー　モワン　（プリュス）　スィルヴプレ

「フォークナイフセット（箸／スプーン）をください」

Des couverts (Des baguettes ／ Une cuillère), s'il vous plaît.
デ　クーヴェール　デ　バゲット　ユンヌ　キュイエール　スィルヴプレ

コツ 30 FRANCE

ルールを守って正しく日本へ！食材を持ち帰るための掟

ルールを知って、美味しく持ち帰ろう

美味しいもの天国フランス。スーパーや専門店、さらにデパートのグルメ館（P78）ではチーズやジャム、調味料などフランス各地の美味しい食材を購入できます。これらをお土産用に日本に持ち帰りたい方も多いでしょう。そのために、**少しでも良い状態で日本に食品を持ち帰るためのコツ**を知っておきましょう。
まずは日本への持ち込みが禁止されているものについて。例えば、**フランスの美味しいサラミやフォワグラなど、肉類はNG**。せっかく持ち帰っても税関で没収されてしまうのでご注意ください。また酒類は1本760㎖までのものが3本まで免税（成人一人当たり）となるので、1本750㎖のワインボトルは3本持ち帰れます。当然ながら瓶は割れやすいので、梱包はしっかりと。
チョコレートやチーズは日本に持ち込めますが、**預け荷物の中に入れるのが鉄則**です。フランス出国時に手荷物に入れていると液体と見なされ、その場で没収ということにもなりかねません。アルコールなどの液体類はもちろんチョコレートやチーズ、クリーム状やペースト状のものは預け荷物のほうに入れましょう。
いずれにせよ、**食材の持ち帰りは自己責任**です。旅行をする季節にもよりますが、食材は温度や湿度により何らかの影響を受けやすいことを理解したうえで購入しなくてはなりません。最新の情報は必ず税関のホームページで確認し、ルールをしっかり守って日本へ持ち帰りましょう。

あると便利！　食いしん坊の三種の神器

フランスで買った食材を、少しでも良い状態で持ち帰るために、日本から持っていくと便利な三種の神器を紹介します。

梱包材 ▸▸ 食品だけでなく、ワレモノ全般に使えます。瓶入りの食材はもちろん、素敵な箱に入ったお菓子類も傷から守ります。梱包を固定させるためにマスキングテープもあると便利。

保冷バッグ ▸▸ 温度変化に弱いチーズやチョコレートには保冷バッグを。これに加えて保冷材もあると完璧です。チョコレート専門店では、オリジナル保冷バッグを販売しているところもあって、お土産にもおすすめ。ただし、保冷バッグや保冷剤があっても夏場の食品の取り扱いには十分に注意してください。

チャック付き密封ビニール袋 ▸▸ チーズなどの匂いのある食材は、ジップロックのようなチャック付きのビニール袋に保冷剤と一緒に入れてからスーツケースにしまうと安心です。匂いが他のものに移るのを避けてくれます。

チーズ専門店での合言葉は"スー・ヴィッド"

農業大国フランスでは、言わずもがなチーズが有名です。山羊のチーズや白カビタイプ、セミハードタイプとありとあらゆる種類が揃うのが**チーズ専門店「Fromagerie（フロマージュリー）」**。ヨーグルトやデザートにもなるフレッシュなチーズなども売っていますが、日本に持ち帰るならハードタイプのチーズがおすすめです。パリではチーズを真空パック（有料）にできる店もあるので買い物の際に、**「真空パック＝Emballage sous vide（アンバラージュ・スー・ヴィッド）?」**と聞いてみましょう。このひと言が使えれば、持ち帰りの心配がだいぶ軽減されますよ！

コツ 31 FRANCE

フランス文化ここにあり！カフェを最大限に楽しもう

朝から夜まで多くの人が集うカフェ

朝のコーヒー、ランチ、おやつの時間、夕食前にワインを一杯…、**カフェは、フランスの生活にはなくてはならない存在**です。フランス人にとってのカフェは古くから、飲み物を片手におしゃべりを楽しむと同時に、様々な出会いの場でもあります。歴史を遡れば、パリに初めてカフェができたのは1686年のこと。6区にル・プロコープ(現在も営業) ができ、社交の場、文学や政治サロンの役目を担っていました (P114参照)。その後、19世紀に入り、多くの芸術家、哲学者、文豪のたまり場としてパリ文化界の中心となった当時のカフェですが、19世紀後半になり、次第に庶民的なカフェができ始め、徐々に現在のような人々の憩いの場としてのカフェとなったのでした。

ウェイターはテーブルごとの担当制

では実際のカフェの入店の流れを見てみましょう。まずスタッフにボンジュールと声をかけ、座りたい席を指さして「OK ？」と聞くだけで大丈夫です。フランスのカフェの独特な文化、それは**席の場所によって担当が決まっている点**です。注文から会計まで、基本は同じ人にお願いすることになるので、なんとなく顔を覚えておくといいでしょう。支払いは、自分が店を出たいと思うときに担当の人に「ラディッシオン、スィル・ヴ・プレ」と頼みましょう。逆に、まだ飲み物が残っているのに支払いを催促してくることもたまにあります。それは、今日のその人の仕事は終わり、担当客の会計をしてから帰りたいということなので、先に支払いを済ませる形になります。なお、カフェでのチップについては、飲み物程度ならあまり気にしすぎず、小銭を置いてもいいですし、持ち合わせがなければ置かなくても大丈夫です。

飲み物も食事もフランスならではのものを

次に、フランスのカフェならではのメニューをいくつか挙げておきます。まずはその名の通りの**「Café」はエスプレッソ**のことで、濃厚な味わいを堪能できます。濃いのが苦手なら日本のアメリカンコーヒーにあたる「カフェ・アロンジェ（Café allongé）」もありますし、カフェオレである「Café crème（カフェ・クレーム）」もおすすめです。

アルコール類も充実しています。ワインなら「ヴァン（Vin）」、シャンパンなら「シャンパーニュ（Champagne）」、ビールは「ビエール（Bière）」、**生ビールは「プレッシオン（Pression）」**となります。ビールをレモネードで割った**「パナシェ（Panaché）」**もフランスならではのメニュー。さわやかな味わいで夏にぴったりです。

食事メニューでランチにぴったりなのが**「Croque-monsieur（クロック・ムッシュー）」**。パンにハムとチーズ（たまにホワイトソースも）をはさみ、カリッと焼いたもの。だいたいサラダかフライドポテトが付くので、これだけでしっかり食事になります。これに目玉焼きが入ったものが**「Croque-madame（クロック・マダム）」**となります。**具だくさんのサラダ**も◎。これにパンも付き、十分にメインになるボリュームで大満足の一品です。

コツ 32 FRANCE

フランスパンでは通じない!?
生活に密着したブーランジュリー

職人の技光るバゲットとバター香るクロワッサン

日本人にとってのお米と同様、フランス人にとって食の軸になるパン。パン屋はフランス語で**「Boulangerie (ブーランジュリー)」**と呼ばれます。**朝7時ごろから開いている**店もあり、「街でいちばんの早起きはパン屋」と言われるほどです。

フランスで基本のパンは**「Baguette (バゲット)」と呼ばれる細長いパン**。1本あたり1€前後と安価で、半分(demieドゥミ)でも買うことができます。日本で昔からフランスパンと呼ばれているものですが、フランスで「フランスパン」と言っても通じません。

ちなみに、バゲットの横に**「Tradition (トラディッシオン)」**という、見た目はほとんどバゲットと同じようなパンが置いてあります。これは、発酵により時間をかけて作られたもので、気泡が多く**伸びのある生地で口にしたときの食感も良い**のが特徴。小麦の旨みもしっかり感じられます。1本あたり約1.30€ほどです。

また、もうひとつの名物と言えば、**朝食の定番でもあるクロワッサン**でしょう。お店によってバターたっぷりでサクッとしたもの、むちっとしっかりめの生地のものなど個性が出る一品です。店によってどんな風に違うか、バゲットもクロワッサンもぜひ本場の味を食べ比べてみてください。

その他、全粒粉を使ったパン・コンプレ、酸味があって日持ちがするパン・ドゥ・カンパーニュなども定番です。最近ではグルテンフリーのパンも見かけるようになりました。おすすめは、「Artisan boulanger」と店先に掲げている店。これは、生地作りからすべての工程をやっているパン職人という意味です。せっかくのフランス滞在ですから、大手チェーンの冷凍生地を使ったパンは避けたいところですね。

フランスのパン屋さんはとにかく種類豊富。選ぶのに迷ってしまう

列に並び買うときのコツ

昼時や夕方にはよく行列ができることのあるパン屋ですが、とは言っても、列の進みは速いので、わりとすぐに番が回ってきます。対面式販売のシステムは初めはちょっと戸惑いますが、前の人がどうやって買っているかをよく観察して、同じようにすればいいのです。言葉が話せなくても**指さし&ジェスチャーでOK**。欲しい物を指さしながら「スィル・ヴ・プレ」を積極的に使うのがコツです(P14)。ちなみに、ショーケースを**ゆっくり吟味して買うなら「お先にどうぞ」と手で合図して、後ろの人に順番をゆずるのがフランス流**のスマートなコミュニケーションになります。覚えておきましょう。

耳よりコラム

パリ市最優秀バゲットコンクール

パリ市では、毎年、最優秀バゲット（La meilleure baguette de Paris）を決めるコンクールを開催しています。1位に輝いたパン職人には、その年1年間、大統領官邸にバゲットを納品する名誉が与えられます。パン屋に写真（上部）のようなマークがあればそれは上位入賞の証なので寄ってみるとよいでしょう。

コツ 33 FRANCE

もちはもち屋!? 甘いものは専門店がベスト

⚜ 見た目にもうっとり、パティスリー

日本でもよく耳にするようになった**「Pâtisserie (パティスリー)」とはケーキ専門店**のことで、同時にケーキ類全体もパティスリーと呼びます。パリには有名ホテルから独立したパティシエの出した店や、歴史のある店など数多くのパティスリーがありますし、各都市にもそれぞれ地元の人に愛されている老舗が必ずあるはずです。

おすすめしたいのがまず**「マカロン」**です。口あたりの軽いアーモンドを使ったお菓子で、間にクリームやジャムをはさんであり、本場のそれは感動する美味しさ。また、素材の季節感を大事にするフランスですから**旬のフルーツを使ったケーキ**も是非。春夏ならイチゴやアプリコット、秋冬は洋梨やイチジクなど季節のケーキはまずハズレなしと思って良いでしょう。

1つ1つのボリュームがしっかりあるのも特徴

その他、その**土地ごとに愛されているお菓子も多く存在**します。北フランスの伝統菓子である「ゴーフル」や、ブルターニュ地方の塩バターたっぷり「クイニーアマンや塩キャラメル」、南仏サン・トロペの名物「タルト・トロペジェンヌ」は、ブリオッシュにクリームをはさんだもの。どれも本当に美味しいので、地方を旅するときは、ぜひその土地の銘菓を味わってみましょう。

⚜ 黒いダイヤモンド「ショコラ」の世界

パティスリーでチョコレートを置いている店も多いですが、こだわりのカカオで作った、繊細なチョコレートを味わいたい方は**迷わず専門店である「Chocolaterie（ショコラトリー）」に行きましょう**。普段用にも買いやすいカジュアルな店から、プレゼント用のチョコレートが買える、まるで高級宝飾店のようなシックな店まで、雰囲気も値段もピンキリです。

このような専門店で、チョコレート職人の腕の見せどころとなるのが**ひと口サイズのボンボン・ショコラ**。ナッツの入ったものやキャラメル、オレンジにコーヒーなど多種多様の味わいが用意されています。店によってはバジル味やビール味、胡椒味なんていうものも。しかし、そこは食の国フランス。「え？」と思うようなものでもチョコレートと組み合わせると素晴らしいハーモニーを奏でる一粒に仕上がっています。

なお、このような店では**チョコレートは量り売りが基本**。好みのものを袋や箱に詰めてもらいましょう。すぐに食べるなら小袋の「Sachet（サシェ）」、きちんとしたお土産にするなら箱の「Boîte（ボワット）」でお願いするのが良いでしょう。箱代がかかることが多いのでサシェに入れてもらったほうが値段は安くなりますが、日本に持ち帰るなら、やはりつぶれにくい箱入りのほうが不安もないのでおすすめです。

ちなみに、**飴やキャラメルなど砂糖菓子を扱う「Confiserie（コンフィズリー）」**でもチョコレートを取り扱っていることが多いです。ナッツたっぷりのヌガーや南仏の郷土菓子であるカリソン、色とりどりの飴などはフランスらしく、見た目もステキなのでお土産にすると喜ばれますよ。

コラム

フランスといえばコレ！
魅惑の甘いもの8選

Croissant

クロワッサン

バゲットとともに、パリのブーランジュリーの顔とも言えるクロワッサン。店ごとに個性があり、味が異なるので食べ比べしてみても楽しい。

Chausson aux pommes

ショソン オ ポム

ショソンとはスリッパのことで、形が似ていることから名づけられた。日本で言う「アップルパイ」だが、フランスのこれはひと味違うのでお試しを。

Chouquette

シューケット

小さなシュー生地にあられ砂糖をまぶして焼いたもの。素朴な味わいで、食べ始めたらとまらない美味しさ。100g単位や10個単位で買うのが一般的。

Kouglof

クグロフ

フランス・アルザスの菓子パン。一説にはオーストリアからフランスへ嫁入りしたマリー・アントワネットが持ち込んだともされている。

数あるパン＆お菓子の中から、自信をもっておすすめしたい、フランスならではの魅力的なものを厳選しました。いずれもほとんどの店で扱っている定番の品。迷ったらこれを注文すればハズレなしです！

Mont-Blanc

モン ブラン

日本でもおなじみのモンブランだが、フランスのものは栗のペーストの濃密さと生クリームの軽さが全然違う。中に入ったメレンゲが食感の妙を生む。

Saint-Honoré

サントノレ

円盤状のパイ生地を土台に、ふちにはカラメルを塗ったプチシューを飾ったもの。中央にはクリームをたっぷりと絞ってある。

Flan

フラン

しっかりめのカスタードをタルト生地に流し込み焼いたケーキ。かためのプリンのような味。パン屋でも売られているが、パティスリーで買うのが◎。

Mille-feuille

ミルフイユ

サクサクのパイ生地の間にクリームをはさんだおなじみのケーキ。フランス語で1000枚の葉という意味で、発音は「ミルフイユ」となる。

コツ 34 FRANCE

活気ある雰囲気を楽しもう フランスの台所「マルシェ」

開かれる曜日を事前にチェック

食いしん坊の旅に欠かせないのがマルシェ巡り。マルシェはもともとフランスにスーパーがなかったころから、野菜や肉、魚などの食材を買いに行く日常の場所でした。**フランスでは、規模は違えど、どこの町でも朝市が立ちます**。それぞれ曜日が決まっていて、基本的には週2～3回、午前中のみ。8時ごろから始まり、12時半か遅くとも13時には店じまいをします。あまり早く行き過ぎると、全部のスタンドが揃っていないこともあるので、人で**混み始める前の9～10時ごろに行くのがベスト**です。

パリでマルシェに行くなら、16区の高級住宅地にある**「Marché Président Wilson（マルシェ・プレジダン・ウィルソン）」**や下町の庶民的な雰囲気が楽しい12区の**「Marché d'Aligre（マルシェ・ダリーグル）」**が有名です。

南フランスはとくにマルシェが有名で、色とりどりの野菜、オリーブオイルやハチミツ、ジャム…土地の食材が売られています。お土産になりそうなものもたくさん見つかります。また、地方都市に行くと、屋内マルシェ=Marché couvert（マルシェ・クーヴェール）も多く見かけます。

多くのフランス人は買う物によってスーパーとマルシェを使い分けています。スーパーとはまた違う、フランスらしい買い物の雰囲気を楽しみましょう。

旅行者でも楽しめる！　マルシェの歩き方

マルシェのおすすめの品を少し見ていきましょう。まず**チーズ屋や乳製品専門のスタンド**では、日本では食べられない濃いヨーグルト=Yaourt（ヤウート）や、ヨーグルトよりも酸味のないクリーミーなデザート=Fromage blanc（フロマージュ・ブラン）がおすすめ。フルーツ、ハチミツやジャムを加えると美味しい、フランスの定番です。チーズのおすすめはハードタイプのComté（コンテ）。クセがなく食べやすいです。リンゴ専門店の産地直送リンゴジュースやシードル、チェーンのワイン店ではお目にかかれないワインなども買えます。

観光客の多いマルシェでは、クレープやパンなど、その場で買って食べ歩きできるものも。お惣菜を売るスタンドもあるので、そこで買ってセーヌ川岸や公園でランチもいいですね。ただし、マルシェの場合、お惣菜店でもフォークなどを準備しているとは限らないので**フォークやウエットティッシュを持参すると便利**でしょう。また、マルシェへは、かごや大きな買い物袋を持って行くのが常識。袋に入れてくれる店もありますが、買い物を**まとめて入れられるエコバッグをお忘れなく**。

ちなみに、**マルシェでの支払いには現金とカードが使えますが**、カードの場合、最低利用額を決めているスタンドが多いです。ちょっと果物やチーズを買う程度なら現金を用意しておきましょう。

街歩きガイドMasayoのテーマ別パリの歩き方

名店ぞろいの左岸を歩く パリ・グルメ満喫コース

パリ左岸、シックな百貨店『ボン・マルシェ』周辺は買い物にも魅力的なエリアですが、グルメな店も充実。いろいろ買い込んで、リュクサンブール公園でピクニックはいかが？　ぶらりと歩きながら巡るグルメなコースです。

11:00
地下鉄Rue du Bac（リュ・デュ・バック）駅または
Sèvres-Babylone（セーヴル・バビロン）駅からスタート。徒歩5分

▸▸ Jacques Genin（ジャック・ジュナン）

チョコレートやキャラメルが並ぶスタイリッシュなショコラトリー。果物の味がギュッと詰まったパット・ドゥ・フリュイは感動の美味しさ。ぜひお試しあれ。

11:30
バック通り（Rue du Bac）をボン・マルシェ方向に直進。徒歩5分

▸▸ La Grande Epicerie de Paris（ラ・グランド・エピスリー・ドゥ・パリ）

老舗デパート『ボン・マルシェ』の食品館。お土産だけでなく、お惣菜、チーズ、ヨーグルト、飲み物なども充実。オリジナルエコバッグも。

12:15
Sèvres-Babylone（セーヴル・バビロン）駅方面へ徒歩5分

▸▸ La Maison du Chocolat（ラ・メゾン・デュ・ショコラ）

「ガナッシュの魔術師」の異名をもつ老舗ショコラトリー。ショコラ以外にパティスリーもあり、特にエクレアは絶品！

12:45
セーヴル通り（Rue de Sèvres）を徒歩5分、右折

▸▸ Poilâne（ポワラーヌ）

田舎パンで有名なパン屋。ピュニッシオン（お仕置き）という名の付いた、バターの香りがたまらないクッキーや、素朴なリンゴのタルトもおすすめ。

13:15
地下鉄Saint-Placide（サン・プラシッド）駅を
目指して徒歩10分

▸▸ Maison Verot（メゾン・ヴェロ）

パリの有名シャルキュトリー。フランスでしか味わえないパテ・アン・クルート（パテのパイ包み）をぜひ！サラダ、キッシュなどもある。

13:30
パリジャンの憩いの場「リュクサンブール公園」
まで徒歩10分ほど。ベンチもあり

※時間は目安です。店の住所や定休日はあらかじめ確認を。

5章

歴史に触れる
街歩き

コツ 35 FRANCE

知っておくと理解が深まる！フランス史の基本

名所旧跡から学ぶフランス史

フランスに豊かな芸術や文化が根付いているのは、これまで**フランスが歩んできた歴史に裏打ちされたもの**です。その壮大で重厚な歴史はとてもここでサラッと書けるようなものではありませんが、旅行者がフランスの様々な観光名所を巡るときに、知っておくとより楽しめるであろう時代背景を簡単におさらいします。

●古代ローマ時代

紀元前から5世紀までローマ帝国の支配下にあったフランスは「ガリア」と呼ばれていました。南フランスにはこの時代の多くの遺跡が点在しています。**アルルのローマ遺跡**や**オランジュの古代劇場**などいずれも見ごたえがありますが、とくに圧巻なのが**ニーム近くに位置するポン・デュ・ガール**。ローマ時代の水道橋であり、3層アーチ構造の橋は一見の価値ありです。

●中世の時代

現在のフランスの前身となった「フランス王国」が誕生したのが987年。ここからフランスの王政は約800年間も続くことになります。その間、英国との百年戦争があったフランスの中世の歴史を語るうえで欠かせない存在なのがジャンヌ・ダルク。彼女がシャルル7世を引き連れて戴冠式を行った**ランスの大聖堂**（P139）はステンドグラスの美しさでも有名です。15世紀後半になると、イタリアの影響を受けて少しずつルネサンスの優雅さが求められるようになり、**ロワール渓谷一帯には、フランソワ1世が建てたルネサンス様式の美しい城**が数多く残っています。

●ブルボン朝時代

16世紀後半から18世紀後半まで続くのがブルボン朝時代。太陽王でおなじみのルイ14世が君臨した時代は絶対王政がその最盛期を迎え、フランス史上もっとも華やかでした。豪華絢爛な**ヴェルサイユ宮殿**（P134）はもちろんですが、その後に起こるフランス革命に関連した名所も併せて見ておきたいところ。革命の中心となったパリの**バスチーユ広場**やマリー・アントワネットが最期のときを過ごした**コンシェルジュリー**などがその代表です。

●第一帝政から第二帝政期

言わずと知れたフランスの英雄であるナポレオン1世は19世紀初めに活躍しました。パリの**凱旋門**はその名の通り、軍の勝利を祝して凱旋する日のために造られた建物です。しかし、ナポレオンは完成前に亡くなったため、生きてこの門をくぐることはありませんでした。そんな彼の棺はパリの**アンヴァリッド**の教会に安置されています。

その後、復古王政を経て、19世紀半ばには、ナポレオン1世の甥であるナポレオン3世が国を統治。中世からナポレオン3世による第二帝政期までの長きに渡り、歴代の王や統治者から愛された**フォンテーヌブロー宮殿**は、フランス史を知るのに最適な場所です。

パリの凱旋門。階段で上までのぼることができる

コツ 36 FRANCE

セーヌ川を中心に広がる20区 歴史が息づくパリの街

歴史からみるパリの街

フランスの首都パリ。この街の始まりは、紀元前3世紀まで遡ります。現在ノートルダム大聖堂がそびえ立つシテ島。そこにケルト系の民族パリシィ族が集落を形成し、住み始めたところからパリの歴史が始まったとされています。**当時のパリは「リュテス」**と呼ばれ、川沿いという立地を活かし、河川の航行や交易の拠点として栄えます。紀元前50年ごろにはカエサル率いるローマ帝国の支配下におかれ、およそ500年の間それは続きました。現在パリに残るその時代の遺跡は少ないですが、**紀元1～2世紀にローマ人によって造られた円形競技場跡「Arènes de Lutèce(アレーヌ・ドゥ・リュテス)」**(P107)を5区で見ることができます。

時は流れて、12～13世紀のパリは、フィリップ2世が築いた城壁に囲まれていました。その遺跡が今でも部分的に残っていて(P114)、ルーヴル美術館でもその城塞跡の一部が見学できます。

現在のパリの街並みは19世紀半ば以降、**ナポレオン3世の指示で実施された「パリ大改造」**の賜物です。当時の知事であったオスマンは、凱旋門の上から眺められる街並みに象徴される放射線状にのびる広い道、道の両側にバランス良く並んだ建物などの都市整備に尽力しました。ちなみに、エッフェル塔が建てられたのはパリ万博のあった1889年。できた当初は賛否両論ありましたが、今ではパリに欠かせないシンボルのひとつとなりました。

パリの中心を流れるセーヌ川

パリの街を南北に分けるように流れるセーヌ川「La Seine（ラ・セーヌ）」。**北側を「右岸＝Rive droite（リヴ・ドロワット）」、南側を「左岸＝Rive gauche（リヴ・ゴーシュ）」**と呼びます。「商業の右岸、学問の左岸」と呼ばれることもありますが、その雰囲気は同じパリでありながらも、どことなく異なるように感じられます。

20区それぞれの色を感じながら歩こう

パリをもっと細かく分けるのが20からなる「区」です。現在の区分けはオスマンの都市改造の一環で行われました。ルーヴル美術館のある**パリのど真ん中が１区で、そこからカタツムリのような渦巻き状に20区まで**あります。パリのそれぞれの区には特色があります。例えば、エッフェル塔のある７区は官庁も多く、シックなエリア。5区はカルチエラタンと呼ばれる古くからの学生街。古き良きパリの雰囲気が残るエリアでもあります。モンマルトルの丘を中心に広がる18区は元々は庶民的なエリアですが、近年は人気が高く、地価高騰が著しいと言われています。パリの街を歩くとき、**自分が何区にいるのか意識しながら歩く**とそれぞれの特徴がつかめてきます。ぜひお気に入りの区を見つけてください。

パリの象徴ともなったエッフェル塔

コツ 37 FRANCE

通りの名は街歩きの助っ人 迷ったらすぐ確認を！

規模によって呼び方がちがう通りの名前

街を歩いていて心配になるのは、言葉のわからない土地で迷子になること。しかし、**パリの道にはすべて何らかの名前が付けられていて、道の始まるところ、交差点には必ず通りの名前が記されています**。ですから、自分のいる場所がわからなくなったら、まずは今いる通りの名前を探しましょう。

通りと言ってもいろいろ種類があります。それぞれ呼び方がありますので、以下、街歩きの参考にしてください。

Avenue（アヴニュー） ▸▸ 広い並木道。シャンゼリゼ通りもこれ。

Boulevard（ブールヴァール） ▸▸ 幅の広い大通り。

Rue（リュー） ▸▸ もっとも一般的な「通り」はこれ。

Place（プラス） ▸▸ 広場を意味する。

Square（スクワール） ▸▸ 中央に公園のある小広場。小さめの公園。ポン・ヌフの下にもあり（P107）。

Impasse（アンパッス） ▸▸ 行き止まりになっている小径。袋小路。

Passage（パサージュ） ▸▸ 複数の通りをつなぐために造られた抜け道、路地。19世紀に多く建てられた屋根付きアーケード街もこれになる（P34・P121参照）。

Quai（ケ） ▸▸ 岸を意味する。セーヌ川岸やサン・マルタン運河岸（P108参照）。

パリ歩きのコツは「セーヌ川の位置」

パリでは、すべての通りに名前が付いており、建物ごとに番号が付けられています。ですから住所さえわかれば目的地にたどり着けるのです。そんな**パリで街歩きをするときは、常にセーヌ川の位置を意識しておく**のがコツ。
右岸、左岸どちらにいても、建物の番号はセーヌ川に近いほうから始まり、セーヌから遠くなるにつれ、数字が増えていきます。川に平行の道の場合は、セーヌ川の上流、つまり街の東側から数字が始まります。また、道の片側が偶数番地であれば、向かいは奇数番地になっていますが、必ずしも50番地の向かいに51番地があるわけではありません。道によっては、かなりズレていることもあるので気をつけましょう。

迷ったら通りの看板を探せ

街歩きの必需品と言えば地図。スマホの地図アプリは、GPSで現在地がわかるので大変便利ですが、街中で頻繁にスマホを出していると盗難も気になるので注意が必要です。迷ったときに**場所を知るうえで手軽に目印になるのが、通りの名前が書かれた青いプレート**です。それぞれの通りの角には必ず写真のようなプレートが付けられています。通りの名の上にある「Arrt」はArrondissement（アロンディスモン）の略で、そこが何区かを示しているので、迷ったらプレートを探してみましょう。

この看板をマグネットにしたものもパリ土産として人気がある

コツ 38 FRANCE

歴史と建築の両面から見る教会見学のポイント

歴史を見守ってきた教会

キリスト教の文化と歴史を持つフランス。パリでも街のあちこちに大小さまざまな教会を見かけることでしょう。近年の宗教離れはあるものの、現在でも信仰の象徴としての場であることはもちろん、街の歴史を見守ってきた由緒ある場として、パリの人々から親しまれています。

また、**教会は建築という側面から見ても非常に興味深い**です。その教会が建てられた時代によって、ロマネスクやゴシックなど様式の違いが見てとれます。教会見学の際に注目すべき点としては、正面となるファサード、入口扉、天井、柱、ステンドグラス、オルガンなどが挙げられ、それらを意識しながら見学すると、教会建築をより深く知ることができるでしょう。

おすすめの教会と見学の注意点

基本的に、フランスでは一般的な教会は無料で見学できます（サント・シャペルなど一部有料のところもあり）。ただし、念頭に置いてほしいのが、**教会は祈りの場であり、観光地ではないということ**。祈りを捧げている人や、宗教行事の邪魔になることは絶対しないようにしましょう。また、男女ともに露出の高い服装は避け、男性は帽子を取ります。**大きい声での会話は避け、屋内はフラッシュを使わないなど写真撮影にも気を配りましょう**。

見学の注意点がわかったところで、時代も個性も異なる教会３つを紹介します。ホテルの近くや観光途中で気になる教会を見つけたら中に入ってみるのもいいですね。

● Église Saint-Germain-des-Prés
(エグリーズ・サン・ジェルマン・デ・プレ)
パリに現存する教会の中で最古とされるこの教会の起源は、6世紀に遡ります。時代の中で、幾度となくその姿を変えてきたため、異なる建築様式が混在しているのが特徴。近年の修復で鮮やかさが蘇った色彩豊かな天井と壁画は、心を奪われる美しさ。

● Église Saint-Etienne-du-Mont
(エグリーズ・サン・テチエンヌ・デュ・モン)
リュクサンブール公園からほど近い丘の上、パリの守護聖女ジュヌヴィエーヴを祀った教会。見どころは、内陣と身廊の間仕切りである石造りの「Jubéジュベ」。透かし彫りのような繊細な細工が施されています。

● Église Saint-Jean de Montmartre
(エグリーズ・サン・ジャン・ドゥ・モンマルトル)
ピトレスクな街並みのモンマルトルで、ひと際目を引くレンガ造りのこちら。20世紀初頭に完成した、パリでは比較的新しい教会です。外装はレンガで、アールヌーヴォー調モザイクタイルがあしらわれています。石造りの他の教会とは違って、モダンな雰囲気が漂います。

コツ 39 FRANCE

美術館は大きさに合わせてスケジュールを組むのが◎

⚜ 規模別に紹介。パリおすすめの美術館

芸術の都・パリには、数えきれないほど多くの美術館があります。大型の**ルーヴルやオルセー**などの美術館は、しっかりまわろうとすると朝からゆうに夕方まで過ごすことになるので、**歩きやすい靴と荷物は少なめ**で行くのが疲れないコツです。
中規模の美術館としては、モネの睡蓮の展示が素晴らしい**オランジュリー美術館**、貴婦人と一角獣のタピスリーで有名な**クリュニー中世美術館**、マレ地区の美しい邸宅にある**ピカソ美術館**、2021年にオープンした現代アートの美術館**ブルス・ドゥ・コメルス**などが挙げられます。この規模だと、午前中は美術館、午後は買い物というようなスケジュールが組めます。また、パリも二度目以上なら、こぢんまりとした美術館を巡るのも◎。サン・ジェルマン・デ・プレのかわいらしい広場に面した**ドラクロワ美術館**は、彼の自宅兼アトリエが美術館になっています。モンパルナスの喧噪から少し離れたところにある**ブールデル美術館**もアトリエ美術館のひとつ。この規模だと、見学時間は長くて1～2時間程度。いずれも中庭があり、ベンチに座ってゆっくりすることができますよ。

⚜ 賢くお得に！　無料で楽しむアート

パリでは、芸術に触れることは必ずしもお金のかかることではありません。オルセー美術館、ポンピドゥーの国立近代美術館、ピカソ美術館、オランジュリー美術館など**多くの国立美術館は毎月第一日**

曜は無料になります。また、**パリ市立の美術館では、年間を通して常設展は無料**で見学できます。個人的におすすめなのは、カルナヴァレ、プチ・パレ、ロマン派美術館の３つです。

意外と穴場！　美術館ランチ＆カフェ

通の美術館の楽しみ方は絵画鑑賞だけではありません。**質が高く、雰囲気も良い美術館併設のレストランやカフェ**もぜひ立ち寄って。

● オルセー美術館「Le Café Campana」（美術館への入館必要）

５階にあるモダンなカフェレストラン。かつての駅舎を改装して造られたこの美術館のシンボルでもある、大きな時計窓の見える席は絵になる景色と言えます。

● ルーヴル美術館「Le Café Richelieu – Angelina」（美術館への入館必要）

モンブランで有名なアンジェリーナのルーヴル美術館店です。リシュリュー翼からの素晴らしい眺めを前に、アンジェリーナの美しいケーキがいただけます。混んでいない午前中が狙いめ。

● ロマン派美術館「Le salon de thé Rose Bakery」

ジョルジュ・サンドゆかりの品が展示されている美術館（常設展無料）。緑あふれる中庭にあるサロン・ド・テでは、名物のキャロットケーキはもちろん、スープやキッシュなどの軽食も味わえます。

ここに注意！

パスがあってもオンライン予約は必要!?

ルーヴルなど人気の美術館では、事前のオンライン予約が必須となっています。こういった美術館では、ミュージアムパスで入場料がかからない場合でも事前予約がマスト。また、見学無料日も事前の予約が必要なケースがあるので、気を付けましょう。

コツ 40 FRANCE

晴れた日は高台から街を眺める パリの見晴らしスポット

高低差のあるパリの街

パリの街を歩いていると、意外と坂が多いことに気づくはずです。とくに、18区のモンマルトルの丘や5区のカルチエラタン、20区のベルヴィルのあたりには、坂道が多く存在します。そう、**パリは意外と高低差のある街**なのです。それだけに**街歩きは油断していると疲れてしまうので歩きやすい靴**でまわりましょう。また、石畳の坂道は雨になるとすべりやすいので、そこも注意。ただ、坂道はのぼるのは大変ですが、のぼりきってから眺める景色は格別です。
例えば、世界中から観光客が訪れるモンマルトル。サクレ・クール寺院前は､展望スポットとしても有名です。体力に自信のある方は、モンマルトルらしい階段をのぼってもいいですし、ケーブルカー(P63)に乗れば楽に上まで行くこともできます。さらに高いところを目指すなら、有料でサクレ・クールのドームにものぼることができます。天気の良い日にぜひ挑戦してみてください。

パリのパノラマをどう楽しむ？

高いところからパリの街を一望するとまた違った魅力を感じることができます。もちろん、エッフェル塔やモンパルナスタワーなど、高い塔やビルにのぼってそこから見おろすパリの街も素晴らしいですが、買い物ついでに寄れたり、アトラクション的な楽しさがプラスされていたりと**ユニークなパリの見晴らしスポット**もあります。

● Galeries Lafayette（ギャルリー・ラファイエット）

オペラ・ガルニエのすぐ裏手に位置するデパートの本館、屋上テラスからの眺めは素晴らしく、エッフェル塔まで見渡せます。また、グレーの屋根とそこに突き出した煙突という、実にパリらしい風景もここからなら見えます。ショッピングのついでに寄ってほしいスポットです。

● Parc André Citroën（パルク・アンドレ・シトローエン）

Javelの駅から徒歩10分、15区の閑静な住宅地の中にあるシトローエン公園は、その名の通り、自動車メーカーのシトローエンの工場跡地にできた公園。ここでは、地上150mの高さまで上がる有料の気球「Ballon de Paris（バロン・ドゥ・パリ）」に乗ることができます。ただし、強風や大雨などの悪天候で休止になることもあるので、事前にホームページで確認してから行きましょう。

耳よりコラム

景色も飲み物も楽しめるルーフトップバー

最近、パリで増えているのが、ホテルなどの屋上にあるルーフトップバー。素晴らしい眺めを前に、美味しい飲み物や軽食を味わえるとあってパリジャンにも大人気。とくに、日の長いパリの夏にはぴったりの楽しみ方と言えます。春から夏の季節だけオープンしている場合が多いです。

コツ 41 FRANCE

サンドイッチ片手にピクニック パリの“サンパ”な公園

生活に根差した公園

石造りでグレーの建物の多いパリの中で、**緑あふれる公園はパリジャンたちのオアシスのような場所**です。暗くて長い冬が終わり、春になると、待ってましたとばかりに公園のベンチを陣取るパリジャンたち。まさに公園は彼らの生活の中になくてはならない存在になっているのです。

四季折々で美しい花が咲き、目を楽しませてくれる

お手軽ピクニックのすすめ

パリでは**昼間はもちろん、日の長い夏の夜も、ピクニックが大人気**。公園には閉園時間があるところがほとんどですが、夏はそれが少し延長され、21時前後まで開いているところが多くなります。また、公園好きなパリジャンのために、24時間開放されている公園もあります(夜は治安に要注意)。

一風変わった旅の思い出を作りたいなら、**簡易版のピクニック**を試してみては？　パンを買い、お惣菜をテイクアウト(P78)して、飲み物持参で公園に行くだけ。もっと簡単に、サンドイッチ片手に公園に行くだけでも楽しいです。公園でフランス人にまざってサンドイッチをほおばれば、あなたも立派なパリの住人です。

⚜"サンパ"＝感じのいい公園紹介

サンパとはフランス語で「感じがいい」という意味。とっておきのサンパな公園は雰囲気も規模も様々、お気に入りを見つけてください。

● Square du Vert-Galant（スクアール・デュ・ヴェール・ギャラン）

パリ最古の橋、ポン・ヌフでアンリ４世の騎馬像の奥にある階段を下りてみて。セーヌ川に突き出すように三角形をした公園があります。シテ島の最西端、夕暮れどきの特等席です。

● Arènes de Lutèce（アレーヌ・ドゥ・リュテス）

１～２世紀のローマ円形競技場の遺跡。正確には公園ではありませんが、パリジャンにとっては公園のような場所で学生や子どもが多く、ほのぼのした雰囲気。競技場の観客席は今でも座れるので、ガロ・ロマン時代に思いを馳せてのんびりしてみては。

● Parc des Buttes-Chaumont（パルク・デ・ビュット・ショーモン）

庶民的な19区の高台にあるパリ指折りの広大な公園。起伏に富んだこの公園は、他では見られない吊り橋や岩山があり、とてもユニークです。ただし、治安なども含め、昼に行くのが◎。

● Jardin de Reuilly（ジャルダン・ドゥ・ルイイー）

リヨン駅からほど近いViaduc des Arts（ヴィアデュック・デ・ザール）のレンガ造りの高架橋下には、職人の店が集まります。その高架上の緑あふれる散歩道から、そこを進んだ先にある公園までは気持ち良いルートです。炭酸水の給水場あり（P27）。

コツ 42 FRANCE

主要な観光地以外もある⁉ 二度目のパリの楽しみ方

パリを深く知る、通な楽しみ方を

芸術、歴史、グルメ、モードと多くの魅力にあふれている街・パリ。初めてのパリではルーヴル美術館やエッフェル塔などのメジャーな観光スポットに足を運ぶ方が多いかと思います。しかし、パリも二度目以降なら「ちょっと違うパリの顔を見てみたい」と思うことでしょう。そんな方におすすめなのが、ちょっと“通好みな楽しみ方”ができるスポットです。もちろん、初めてパリ来訪の方も、興味があればぜひ行ってみてくださいね。

時間にとらわれずにまわりたい3スポット

例えば、アール・ゼ・メチエ博物館を見学し、その近くの小さな中華街でパリ風中華料理に挑戦するのも面白いですし、マレ地区にあるヴォージュ広場に面したヴィクトル・ユゴーの家、そしてリュクサンブール公園近く、彼の眠るパンテオンもぜひ訪れてほしい場所のひとつです。アート好きならカルティエやルイ・ヴィトン財団の美術館もぜひ。モダンな建物自体も必見です。このように数ある中から、ゆっくり楽しみたい3か所をピックアップしました。

● **Canal Saint-Martin（サン・マルタン運河）**

にぎやかなレピュブリック広場から少し歩くと、見えてくるのが下町風情漂うサン・マルタン運河。運河沿いには、おしゃれなカフェやレストランが多く集まっていま

す。この運河には高低差があるため、9つの水門が設けられていて、門を開け閉めすることで水位を上下させて船が進みます。その様子はまさにサン・マルタン運河の風物詩。

● **Chapelle Expiatoire**

（贖罪礼拝堂　要入場料**）**

オペラ座とサン・ラザール駅の間にあるこの小さな礼拝堂は、ルイ16世やマリー・アントワネットなどのフランス革命の犠牲者に捧げられた場所です。静かでこぢんまりとした礼拝堂は日本人旅行者にはあまり知られていませんが、歴史好きなら、ぜひ訪れておきたいスポット。

● **Grande Mosquée de Paris**

（グランド・モスケ・ドゥ・パリ）

5区にあるイスラム教のモスク（寺院）。宗教施設部分の入口（見学有料）と、レストランやハマム（蒸し風呂）へ行く入口が分かれています。おすすめはサロン・ド・テ。異国情緒たっぷりの空間です。

耳よりコラム

街角にもアート！　パリのストリートアートを探そう

パリではたくさんのストリートアートに出会うことができます。街歩きのとき、なんでもない壁や扉、郵便ポストもじっくり見てみて。そこに意外なアートが見つかるかもしれません。マレ、モンマルトル、バスチーユあたりに多く、サン・マルタン運河付近もセンスのいい壁画がたくさん。街歩きがより一層楽しくなるストリートアート、探してみましょう。

コラム

\ 川ごしに見える様々な景色 /
セーヌを彩るパリの橋4選

ビル・アケム橋

Pont de Bir-Hakeim

20世紀初めに完成したこの橋は、上は地下鉄、下は車と歩行者という2段構造の橋です。この橋を渡る地下鉄6番線に乗ったら、ビル・アケム駅とパッシー駅の間で窓からのエッフェル塔をお見逃しなく。ビル・アケム橋は、橋自体の美しさ、またエッフェル塔が近くに眺められることから、カップルのフォトスポットとしても大変人気があります。橋の真ん中の階段を下りると、「Ile aux Cygnes（イル・オ・シーニュ）」と呼ばれる中州に出ます。ぶらりと歩くのにちょうどいい細長い散歩道です。

アレクサンドル3世橋

右岸のグラン・パレ、プチ・パレと左岸のアンヴァリッドを結ぶアレクサンドル3世橋は、1900年のパリ万博に際して建設されました。歴史的建造物にも登録されており、その絢爛豪華さは間違いなく、パリ随一です。また、パリの橋の中でもっとも幅が広く、 その幅は40m。ロシア皇帝アレクサンドル3世の息子、ニコライ2世がこの橋の礎石を置き、フランスとロシアの友好のシンボルでもあります。夕暮れ、アールヌーヴォー様式の街灯に明かりがともると、まさに「光の街パリ」の名にふさわしい幻想的な世界が作り出されます。

Pont Alexandre III

全長780kmのセーヌ川。そのうち13kmがパリを流れます。そこに架かる37の橋。ひとつとして同じ橋はなく、それぞれに歴史があり、魅力があります。

ポン・ヌフ

Pont Neuf

「ヌフ」とはフランス語で「新しい」の意味ですが、ポン・ヌフはパリに現存する橋の中で最古のものです。1607年完成当時、橋の上に店などの建物がずらりと建ち並ぶのが一般的だった中で、パリ初の建物の一切ない橋はきっと目新しい存在だったことでしょう。石造りのポン・ヌフは、12のアーチを描きながら右岸と左岸を結びます。パリの中心に位置するこの橋からの眺めは美しいのひと言。途中のシテ島には当時の国王アンリ4世の騎馬像があり、そばの階段を下りていくとSquare du Vert-Galant（P107）という公園に出ます。

シモーヌ・ドゥ・ボーヴォワール橋

2006年に建設された歩行者、自転車専用の橋です。12区のベルシー公園と、13区の国立図書館を結びます。再開発の進むこのエリアによく合った近未来的なデザインで、波をうつような形状の二重橋は、パリの他の橋とは全く異なった美しさを放っています。橋の名前になっているシモーヌ・ドゥ・ボーヴォワールは、「人は女に生まれるのではない、女になるのだ」という名言を残した、20世紀の有名な哲学者です。ちなみに、「Passerelle（パッスレル）」とは、歩行者専用の橋のことを意味します。

Passerelle Simone de Beauvoir

コツ 43 FRANCE

人が多く集まる観光名所＝スリや物売りに注意！

手口を知って、とにかく近づかず！

街歩き中、何よりも気をつけなければならないのがスリです。世界中から観光客が集まるパリ、そのシンボルとも言える**観光名所のエッフェル塔やオペラ座、シャンゼリゼ通り（とくに凱旋門付近）には人ごみに混ざって若いスリたちがうようよ**しています。

よくある手口が**手に書類とペンを持ち、観光客に声をかける署名運動**作戦。「ハロー、英語話せますか？」と近づき、あれやこれやの理由で、書類に署名をしてほしいと言ってきます。ひどいときには、生まれつき耳が聞こえないふりをして近づいてくる場合もあります。ペンをぐいぐい押し付けてきますが、**絶対にペンを手にしてはダメ。書類に署名させて、寄付金を強制的に要求する手口**だからです。いったんサインをしてしまうと、その仲間が囲んできて、かなりの圧をかけてきます。なんの効力もない書類にサインをしたところで、お金をあげる義務はないのですが、それを理由にとにかくしつこく要求してきます。同時にスマホ、財布、ポケットやバッグの中も狙ってます。一度囲まれたら、振り切るのはかなり厄介。なので、それらしき人が近づいてきた時点で、しっかりバッグに手をあてて、話しかけられないよう距離をとりましょう。

毅然とした態度でノーの意志を！

署名運動よりは少ないですが、モンマルトルのケーブルカーのあたりでは、ミサンガ（ブレスレット）売りをよく見かけます。また、エッフェル塔近くのトロカデロ広場のあたりにも、キーホルダーなどを売っている人がいます。これらは、署名詐欺やスリとは違い、ただの物売りです。人によっては、ちょっとしつこいこともありますが、**立ち止まらずに毅然とした態度でノーとしっかり言えば大丈夫**。こちらが立ち止まると、ミサンガを勝手に手首に巻き付けて買ってもらおうとします。巻き付けられる前に手を引っ込めたり、手をポケットに入れるなどしましょう。

そして、エッフェル塔近くには、**八百長の賭けゲーム**をやっているグループもいます。さくらが混ざっているので、いずれにせよこちらが負ける仕組みになっていますから、とにかく近づかないのがいちばんです。

スリや盗難の手口は日に日に巧妙になっています。在フランス日本大使館ホームページの安全情報、SNSで現地の情報をチェックするのを忘れずに。**手口を知っていれば「狙われている」と警戒でき、未然に被害を防ぐ**ことができます。また旅行前に、外務省の海外安全情報配信サービス「たびレジ」に登録しておくと安心です。テロをはじめ、安全情報がメールで送られてくるサービスです。

ここに注意！

観光名所はセキュリティーチェックが厳重

近年のテロの影響で、フランスではデパートや美術館など、人が多く集まる場所でのセキュリティーチェックが厳しくなっています。デパートは入口に係員がいてカバンの中を目視でチェック、大きな美術館では金属探知機でチェック＆荷物はX線に通します。なお情勢により、警戒レベルが一時的に上がるとチェックも厳重になります。

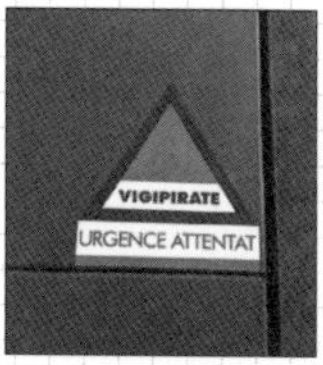

このマークがあるところではセキュリティーチェックがあることも

街歩きガイドMasayoのテーマ別パリの歩き方

街角で発見！ 隠れた歴史スポットをまわる旅

歴史が息づく街・パリでは、大通りから一本入った小径や、
何も気づかず通り過ぎてしまいそうな壁にも、歴史エピソードがあることも。
時代に思いを馳せながら、より深くパリを知るプチ歴史探訪はいかがですか。

10:00

Odéon（オデオン）駅スタート

▸▸ Cour du Commerce Saint-André
（クール・デュ・コメルス・サン・タンドレ）

オデオン駅前にあるこの全長120mの小径は、中世からフランス革命、長い歴史を見守ってきました。13世紀、ここには「フィリップ・オーギュスト（フィリップ2世）の城壁」が通っていました。その跡は、今でも4番地のレストラン内にこっそりと残っています。向かいにあるのが1686年創業、パリ最古のカフェ「Le Procope(ル・プロコープ)」。ここは18世紀にダントン、マラー、ロベスピエールといった革命家のたまり場にもなった場所です。

10:45

Odéon（オデオン）駅前から96番のバスに乗り20分、
Saint-Paul（サン・ポール）で下車。そこから徒歩５分

▸▸ Enceinte de Philippe Auguste
（フィリップ・オーギュストの城壁跡）

現在パリに残っているフィリップ・オーギュストの城壁跡（約800年も前のもの！）の中でももっとも規模が大きいのがここ。すぐそばには、骨董屋の集まる石畳の一角「Village Saint-Paul（ヴィラージュ・サン・ポール）」もあります。

11:30

Saint-Paul（サン・ポール）駅まで戻り、マレ地区を散策しながら北上。徒歩20分

▸▸ Marché des Enfants Rouges
（マルシェ・デ・ザンファン・ルージュ）

パリ最古の屋根付きマルシェ。1615年、人口が増え始めたマレ地区の住民の日常を支えるために作られた市場です。1990年代に改装工事が行われ、今ではクレープ、モロッコ料理、イタリア料理、和食などの市場グルメが楽しめます。座って食事ができるお店もあるので、歴史散策を振り返りながらランチをどうぞ。

12:30

終了。最寄りのArts et Métiers（アール・ゼ・メチエ）駅でユニークなホームを見るのもお忘れなく（P54）

※時間は目安です。

6章

フランス流
買い物のコツ

コツ 44 FRANCE

スムーズな買い物のために挨拶やひと言を忘れずに

⚜ 入店したらまずはボンジュール

フランスでは、まず挨拶なしでは人と接点を持つことができません。実際、フランス人の店員が外国人の観光客に対して「この人たち、私に「ボンジュール」って言わなかったから接客したくない」と言っているのを見かけたことがあります。日本の感覚から言うとちょっと信じられない話ですが、この国ではそれほどボンジュールが大事なのです。「こんにちは」と訳すと日本人にはやや違和感がありますが、**「ボンジュール」は会話のとっかかりとなる会釈と同じようなもの**だと思ってもいいかもしれません。
ちなみに、**何も買わずにお店を出るときには、「Merci（メルシー）」と声をかけましょう**。笑顔も添えると、なお良いですね。

⚜ フランス流の「良いお客さん」とは？

世界どこに行っても礼儀正しい印象を持たれてる日本人。とは言え、フランスでは買い物の仕方や考え方が違うため、日本人は何を考えているのかよくわからないと思われることもしばしばです。お店の人と良い関係を築くことで、気持ちの良いサービスや接客が受けられます。お店の人に媚びる必要は全くないですが、少しでもスムーズに買い物ができるように心がけましょう。
まず**「①陳列してある商品に許可なく触れない、②勝手に写真を撮らない、③スタッフが声をかけてくれているのを無視しない」の3点が基本**となります。入店すると「何かお探しですか？」などと声をかけられますが、これを無視してはダメ。見たい商品は身振り手振りでお願いすれば良いですし、言葉がわからなければ笑顔を返すだけでも構いません。何かしらコミュニケーションをとることが大事なのです。

⚜ 日曜日の営業時間には要注意

ひと昔前のパリの日曜日は、ほとんどの店が閉まってしまい、買い物と言えば唯一開いていたマレ地区に繰り出していたものです。しかし、時代は変わり、デパートやスーパー、路面店でも、観光客の集まるエリアを中心に日曜営業する店が増えました。

ただし、住宅街にあるような店や、小さな規模の店は依然日曜休みが多いので、行く前に確認しましょう。また、開いているところも、**日曜は午後からだったり、営業時間が他の日とは異なることも多い**ので、要注意。**日曜日（Dimanche）**の営業時間をしっかり確認しましょう。

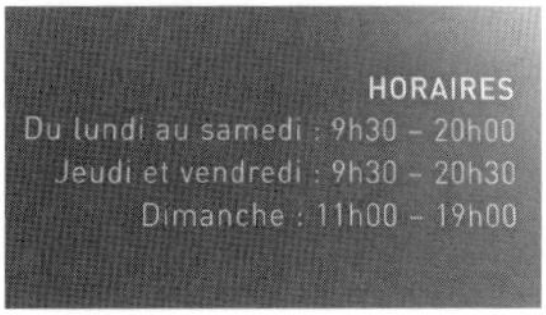

営業時間は扉や入口付近に表示があることが多い

また、蚤の市（P128）やマルシェ（P90）など、逆に日曜日のほうが人で賑わうところもあります。パリ滞在の予定を組むときは、このあたりを考えながら上手にスケジューリングしましょう。

お役立ち！ ひと言フレーズ

「これをください」	Je prends ça. ジュ　プラン　サ
「少し考えます」	Je voudrais réfléchir un peu. ジュ　ヴドレ　レフレシール　アン　プー
「ギフト用です」	C'est pour offrir, s'il vous plaît. セ　プール　オフリール　スィルヴプレ
「試着してもいいですか？」	Je peux l'essayer? ジュ　プ　レセイエ

コツ 45 FRANCE

すべてがそろうデパートは時間のない旅行者の強い味方

⚜ 個性豊かなパリの百貨店

日曜日も開いているデパートGrand magasin（グラン・マガザン）は観光客の強い味方。路面店よりも入りやすく、ひとつの場所でひと通りのものが揃う良さがあります。ちなみに、**デパートでは各売り場の買い物をまとめて免税**することができます（合計100.01€以上／P131）。デパートによっては3日間の購入額をまとめられたり、免税手続きなどをお茶を飲みながら専用ラウンジで行うサービス（有料）があったりします。

● Le Bon Marché（ル・ボン・マルシェ）

1852年創業の世界最古のデパート、ル・ボン・マルシェ。パリ7区のシックなエリアにあり、他のデパートに比べ、規模は小さいながらもそのセレクトの良さと落ち着いた雰囲気で知られる。隣接の食品館の品揃えにも定評あり。左岸のシンボル的な存在。

● Galeries Lafayette（ギャルリー・ラファイエット）

フランス全土に50店舗以上の支店を持つ一大グループ。その本店はパリのオペラ座の裏手にあり、観光客には便利な立地。本館に入るとまず目を引くのが美しい吹き抜け。屋上から見るパリの景色も素晴らしい（P105）。向かいにあるグルメ館には、イートイン可能なパン屋、トリュフ専門店などもあり。

美しいギャルリー・ラファイエットのクーポール（丸天井）

● Printemps（プランタン）

ギャルリー・ラファイエットのすぐ隣にあるプランタン。メンズ館の上は、グルメフロアになっていて、パリを一望できるレストラン、カフェがある。レディース館7階はセカンドハンドに特化したフロア。レアなハイブランドのヴィンテージに出会えるかも。

● Samaritaine（サマリテーヌ）

サマリテーヌ最上階にある鮮やかな壁画は必見

長きにわたる大工事を終え、2021年にリニューアルオープンした、ラグジュアリーな雰囲気漂うデパート。ディスプレイの美しい地下のコスメコーナーは、売り場面積3000㎡。ハイブランド系はもとより、自然派コスメが充実しているのも特徴。また､ポーチやエコバッグなどの、サマリテーヌオリジナルグッズも見逃せないところ。写真の最上階はフォトスポットとしても人気が高い。

● BHV（ベー・アッシュ・ヴェー）

パリ市庁舎の前にあるこのデパートは、趣味雑貨や家電、日曜大工コーナーが充実していて、デパートとホームセンターの良いとこどりをしたような存在。インテリアやキッチン用品の品揃えも良し。

耳よりコラム

美しいアール・ヌーヴォーの内装も見逃さないで！

ギャルリー・ラファイエットの大きなクーポール（写真左）は、100年以上の歴史あるアール・ヌーヴォー装飾が見事。細部まで鑑賞するなら、吹き抜けに面したカフェが特等席です。またサマリテーヌでは、まず下から煌びやかな階段を堪能してから最上階へ。ガラス屋根から光がふりそそぐ空間で、孔雀をモチーフとした鮮やかな壁画（写真上）を眺めましょう。

コツ 46 FRANCE

こだわりの逸品に出会おう！路面店での買い物のコツ

ハイブランドは本店に行ってみよう

世界に名だたるブランドが集まるファッションの都・パリ。同じブランドでもデパートに入っているものもありますが、**ハイブランドの場合は、ぜひ本店や旗艦店を訪れてみて**ください。例えば、シャネルやエルメスなどフランス生まれのブランドの本店は、非常に贅沢な空間になっており、洗練された雰囲気で、行くだけで心ときめく場所。ショーウインドウの展示やインテリアなどもまさに目を見張るような素敵さです。ちなみに、ハイブランド店では、より快適な買い物のために、**アポイントメントを取って来店する**、という形を推奨しているところも増えています（ホームページから予約可）。ほとんどのところでは、アポが無くても入店できますが、観光客が多い立地の店舗では、入店を外で待つような光景も見かけます。ラグジュアリーな空間での、ワンランク上のショッピングを望むなら、アポを取ったほうがベターと言えそうです。

小さなお店は昼休みにクローズも！

フランスには、洗練されたアイテムが集まるセレクトショップやこだわりのあるアクセサリーショップなどいろいろなお店が存在します。ひと味違ったショッピングを楽しみたいなら、ぜひこのようなオーナーのセンスが光る店に行ってみましょう。
ただし、気をつけなければならないのが営業時間です。1人でやっているような小さいところは、**昼に1時間ほど閉めることもあるの**

で、12～14時頃は要注意。開店時間もちょっとアバウトなことが多い＆閉店ぎりぎりの入店もできるだけ避けて。お店を早く閉めたい気持ちをあからさまに出され、当然接客もおざなりになり、気持ち良く買い物ができないなんてこともあります。
そして、もうひとつの注意点が**夏のヴァカンス**です。**7～8月の時期は数週間ほど閉める**ことがよくありますので、その時期に旅行する場合は事前にSNSなどでチェックしておくと安心です。また、「Retour vers 16h（16時に戻ります）」などと入口に貼り紙を出して、どこかに用を済ませに出かけてしまうこともありますが、時間通りに戻ってくる保証はなく、見極めが難しいところです。書いてある時間よりも少し遅めにもう一度行ってみるか、いっそ日を改めたほうがいいかもしれません。

⚜ ぶらぶら歩きが楽しいパサージュへ

コラム（P34）でも紹介した、19世紀のアーケード街「屋根付きパサージュ」には、古本やポスター、レトロなおもちゃなど、他ではあまり見かけないものを専門的に取り扱うブティックが軒を連ねています。なかにはステッキ専門店や刺しゅう専門店なんていう実にパリらしい店も。**個性的な店ばかりなので、ウインドーを眺めながら歩くだけでも楽しめます**。
ちなみに、パサージュ内にはゆっくりお茶のできるカフェやサロン・ド・テもあり、買い物の合間にひと休みすることもできますよ。

コツ 47 FRANCE

フランスの生活を垣間見るなら スーパーマーケットへ

⚜ 日本とは勝手がちがうあれこれ

「Supermarché（シュペールマルシェ）」と呼ばれるスーパーマーケットは、旅行者も必ず足を運ぶことでしょう。ちょっと飲み物を買ったり、お土産を探したりと重宝します。

まず日本と**勝手が違うのが野菜・果物売り場**です。パックに入っておらず、**好きな量が買える**ようになっています。売り場にある備え付けの袋に、欲しい量だけ入れます。多くの場合はすぐそばに秤があり、袋の中に入れた品物を選択して、印刷されるバーコードを自分で袋に貼るところもあれば、スーパーによってはレジで計量してくれるところもあります。

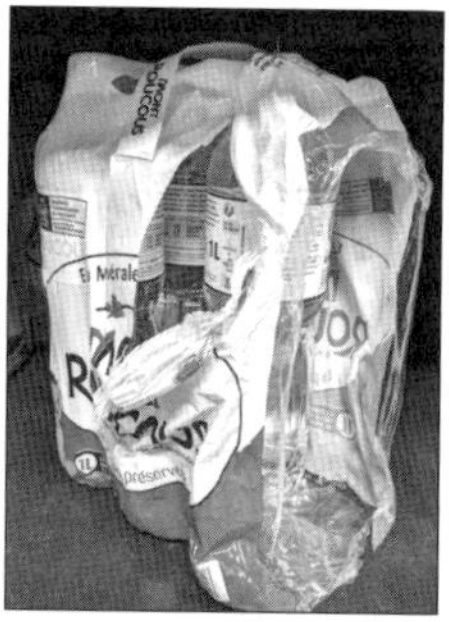

日本と勝手が違うと言えば、ミネラルウォーター売り場もそうです。売り場には6本パックになったもの（常温）が山のように陳列されていますが、1本だけ買いたい場合は、写真のようにパックをやぶってOK。ビールや炭酸飲料も同様です。もちろん、冷えた水も売られています（別コーナー）が、値段は少し高めのことが多いです。冷えてないものでもいいなら、常温コーナーのほうで買うのが得策でしょう。

⚜ ベルトコンベアー式レジが一般的

もうひとつ日本と違うのがレジです。買い物かごのままレジ係に渡すのではなく、**かごから商品を取り出し、レジのベルトコンベアーに並べていきます**。すべてかごの中のものを出し、仕切り棒を置くと、次のお客さんが買う物を並べ始めることができます。

ちなみに、日本のように、支払いが終わってからゆっくり荷物を詰められるスペースはありません。**レジを通した商品をその場で袋に詰めていくスタイルです**。

また近年、セルフレジも増えました。表示を英語にできるセルフレジも多いですし、自分でバーコードをスキャンして支払うという基本の使い方は、日本と同様となります。いずれの場合も、カード専用レジも多いので、現金で支払いたい場合は、レジまわりにそういった表示がないか注意してください。ちなみに、「CB」がカード、「Espèces」が現金になります。

⚜ 街でよく見かけるスーパーの特徴を知る

● Monoprix（モノプリ）

品ぞろえに定評のあるスーパー。お土産にぴったりなお菓子を探すなら、こちらがおすすめ。食品以外にも、衣料品や生活雑貨もそろう。子ども服もかわいく安いものが多い。また、オリジナルエコバッグは、日本人旅行者にも人気。

● Carrefour（カルフール）

街の中心部に多いのが、大型スーパーのカルフールの都市版であるカルフール・シティやエクスプレス。コンビニのような小規模店もパリには多い。

● Naturalia（ナチュラリア）

フランス語で「Bio（ビオ）」と呼ばれるオーガニック専門のスーパー。食料品を中心に、石鹸やシャンプーなどの化粧品や生活雑貨も全品オーガニック。ヨーグルトなど乳製品はとくにおすすめ。

コラム

\ スーパーで買える！ /
手軽で美味しいお土産8選

Biscuit au pur beurre

ビスケット

ビスケットを選ぶときにチェックすべきは「Pur beurre（ピュール・ブール）」の文字。バターのみ使用という意味です。香り高いフランスバターを使ったシンプルな美味しさ。

Confiture

コンフィチュール

いちごや柑橘などの定番だけでなく、日本ではあまり見かけないリュバーブや様々なベリー系などのジャムもおすすめ。コクのある甘さがたまらない「Confiture de lait（ミルクジャム）」も◎。

Fleur de sel

塩

誰にあげても喜ばれるフランスの塩。「Fleur de sel（フルール・ドゥ・セル）」と呼ばれる塩の結晶は、グルメな方に最適。産地は「Guérandeゲランド」、「Camargueカマルグ」がおすすめ。

Vinaigrette

ヴィネグレット

サラダ大好きフランス人ですから、ドレッシングもいろいろあります。オリーブオイルをベースに、バルサミコ酢入りやシードル酢、ハーブやスパイスなどを組合せた商品が多数あり。

スーパーマーケットはちょっとしたお土産を買うのにぴったり。定番のお菓子はもちろん、フランスならではのこだわりのドレッシングなど、ハズレなしのおすすめ商品ばかりです。

※食材の持ち帰りについてはP80を参照

Crêpe dentelle

クレープ・ダンテル

クレープ生地を薄くのばして、パリパリに焼き上げたブルターニュのお菓子。「ダンテル」とはレースのこと、それくらい繊細です。口に入れたときのホロホロサクサク感はたまりません。

Infusion

ハーブティー

カモミールやミントなどシンプルなものから、リラックス、デトックスなどハーブ、果物がミックスされているものも。フランスらしい香りを楽しめます。パッケージがかわいいものも多い。

Conserve de poisson

魚の缶詰

Sardine（イワシ）やMaquereau（サバ）などの缶詰は、カラフルでかわいいデザインが多く、味も本格的でお土産に◎。鮭やツナのRillette（リエット）もおすすめ。

Beurre

バター

酪農国フランスならではの美味しいバター。冬場なら持ち帰りも可能ですが、保冷剤や保冷バッグはマスト＆スーツケースに入れて。とは言え、生ものなので自己責任で！

コツ 48 FRANCE

お土産探しにぴったり「Pharmacie」へ行ってみよう

フランスのドラッグストアとは

街を歩いていて、よく目にする**緑の十字の看板。これがフランスの薬局Pharmacie（ファルマシー）**です。薬はもちろん、日本と同様にコスメや生活雑貨なども置いてあります。それゆえ、小さな地元の薬局から、コスメの品揃えと安さで有名な大きな薬局まで規模もさまざまです。ここで注意したいのが、**店によってかなり値段に差がある**ということ。定価で売っている店から、かなり値引きしているところまでいろいろです。例えば同じリップクリームでも、店によって倍近くの値段の差があるなんてことも。お土産探しに活用するつもりならば、事前に評判の良い店をネットなどで調べておくのが良いでしょう。

お土産探しで迷ったらこれ！

日本ではデパートで売られているような自然派コスメや、日本未発売のアイテムも充実している薬局は**お土産探しにうってつけ。値段が手ごろで、見た目もかわいいもの**が多いので、パッケージが気に入ったら買ってみる、なんていうのも楽しいかもしれませんね。

● パピエ・ダルメニィ（Papier d'Arménie）

1885年からフランスで愛される、紙のお香です。レトロなデザインの名刺サイズの冊子。その中に入っている小さな長方形の紙を蛇腹に折り、火をつければ、約3分間香りを楽しむことができます。部屋の空気を気軽にリフレッシュ。かさばらないので、お土産にぴったりです。

● 精油 (Huile essentielle)

本格的なアロマテラピーに使う精油(エッセンシャルオイル)。フランスでは薬局で購入できます。かなり種類も多いので、効能や好みに合わせてじっくり選びましょう。

● アルガンオイル (Huile d'argan)

ビタミンE豊富なオイルとして有名な、モロッコ産アルガンオイル。顔、体、髪に使える万能のオイルです。さまざまなメーカーから出ていますが、Bio（オーガニック）のものが◎。

● 石鹸 (Savon)

オリーブオイルをたっぷり配合したマルセイユ石鹸をはじめ、薬局では、石鹸も種類豊富です。パッケージがかわいいものも多いです。保湿効果の高いアルガンオイルや、ロバミルク配合のものがとくにおすすめ。

コツ 49 FRANCE

掘り出し物ハッケン!? 蚤の市の攻略法＆注意点

古い物を大事にするフランス

歴史のあるものを大事にするフランスでは、アパートも古ければ古いほど価値があると言われます。普段から古い物に触れるのが当然のこの国では、週末ともなると、至る所で**ガレージセール＝「Vide-grenier（ヴィッド・グルニエ）」や古道具市＝「Brocante（ブロカント）」**が開かれています。不要になった日用品に紛れて、日本の雑貨店で高値で売られているような食器が見つかることもあります。

二大蚤の市「クリニャンクールとヴァンヴ」

パリの蚤の市と言えば、北の「Clignancourt（クリニャンクール）」と南の「Vanves（ヴァンヴ）」の2つ。いずれも、パリの端に位置します。**アンティーク（骨董）色が濃いのがクリニャンクール**。食器やこまごまとした雑貨の掘り出し物が多く、**ブロカント（古道具）色が濃いのがヴァンヴ**です。とくに古い物に詳しくはないけど、パリの蚤の市の雰囲気を一度は味わってみたい方には、日本のフリーマーケットに近いヴァンヴの蚤の市のほうがおすすめです。

クリニャンクールの蚤の市はフランスでは**サン・トゥアンの蚤の市と呼ばれており、規模はかなりのもの**ですが、区画に分かれているので案外まわりやすいです。最寄駅から蚤の市までは、あまり趣味のよくない露店が並び雑多な雰囲気。ちょっと心配になりますが、人の流れに沿って10分ほど歩くと、蚤の市エリアに到着します。駅からの道が不安ならパリ市内からタクシーを使うのもひとつの手

クリニャンクールのMarché Vernaison。
まわりやすい広さで人気

です。クリニャンクールの中でももっとも歴史の古いMarché Vernaison(マルシェ・ヴェルネゾン)、屋内のMarché Dauphine (マルシェ・ドーフィーヌ) のあたりから楽しみましょう。一方、ヴァンヴの蚤の市は土日の午前中のみの開催。そう広くない道の両側に、みっちりとスタンドが並びます。値の張りそうな骨董品もありますが、用途がよくわからない古道具などもたくさん並んでいて、見てまわるだけで楽しいです。

⚜ 蚤の市ならではの注意点

まず蚤の市での支払いは、現金のみというところも多いので、予算に合わせた額の現金を用意しておくこと (スリ対策はしっかり)。**クリニャンクールでは、カードが使えるところも**増えています。次に値段交渉についてですが、売り手の気分を悪くするような大幅な値切りをいきなりするのは×。安価なものひとつをしつこく値切るのではなく、「まとめて買ったらいくら？」などと聞いてみるのが上手な交渉術と言えます。また、**ヴァンヴでは、ずっと屋外を歩くことになるので、雨の日は要注意**。トイレもなかなか見つけられません。雨が降っていたら、屋根付きの部分もあるクリニャンクールのほうが◎。とは言え、いずれも冬はカイロなどで寒さ対策をしっかりと。汚れた手を拭くウエットティッシュもあると便利です。

お役立ち！ ひと言フレーズ

「いくらですか？」	Combien ça coûte? コンビヤン　サ　クット

コツ 50 FRANCE

セールに免税、アウトレット お得に買い物をするために

変わりつつある「Soldes（ソルド）」事情

フランス語で**セールのことを「Soldes（ソルド）」と言い、毎年１月と６月の年２回開催**されます。ソルドの日程は法律で規定があり、一部の地域を除いて**フランス全土で一斉にスタートするのが特徴**です。日本ではセールにならないようなハイブランドも割引になるため、それ目当てにパリを訪れる観光客もいるほどです。
ただ、そのセールも近年は少し様子が変わってきました。1月と6月のセール以外にも、デパートでは春や秋に規模の小さなセールを開催したり、各ブランドごとにVentes privées と呼ばれるプライベートセールなど、ソルド以外の名前を使って値引きをすることが増えてきました。
いずれの場合もセール品は返品や返金ができないことが多いので、汚れなど不良品でないかしっかり確認を。**セール中の混み合った店内ではスリも多いので、貴重品はしっかり管理**をしましょう。
なお、旅行するタイミングにちょうどセールが当たればラッキーですが、そうとも限りません。そんな方にはディズニーランド近くにあるアウトレット「La Vallée Village（ラ・ヴァレ・ヴィラージュ）」もあります。ハイブランドからフランスの人気ブランドまで揃っています。このアウトレットに行くための有料ツアーも出ていますが、パリの中心からRERのA線に乗って一本で行けるので比較的アクセスも簡単。ただし、ブランド袋を持っての乗車には注意を。

100.01€以上買ったら免税をお忘れなく

フランスでまとまった買い物をしたら、ぜひ利用したいのが**免税＝Détaxe（デタックス）**です。以前は1つの店で1日175€以上でしたが、100.01€と金額が下がったので利用しやすくなりました。日本の消費税にあたるフランスのTVA付加価値税が免税になり、**約12%ほどが返金されます**。必要な手続きは①購入した店で書類を作成（パスポートが必要）、②フランス、または最後に出国するEU加盟国の空港で手続きとなります。

まず①書類作成時の注意としては、手続きに時間がかかることと、免税の受け取り方法はクレジットカードがおすすめ（デパート等ではその場で現金で受け取り可能なところもあり）ということです。

次に②の出国時の手続きですが、**チェックインをする前に免税手続きを済ませます**。空港内の免税カウンターには端末機「Pablo（パブロ）」があり、フランスでの買い物だけなら、ここで免税書類のバーコードを読み込ませれば手続き完了です。フランス以外の国で買った物や端末でエラーが出た場合などは人のいる窓口に行き、そこで手続きしてもらうことになります。

免税の端末機「Pablo（パブロ）」は日本語にも対応

なお、**免税手続きがある人もそうでない人も、基本的に空港には出発の3時間前には到着するように**しましょう。出国審査や荷物検査に長蛇の列ができていたり、空港内での移動に時間がかかることもあります。早めの行動を心がけましょう。

路線バスで巡るパリの街

～パリを南北に走る95番～

パリの真ん中を縦に走る95番のバスで右岸と左岸を巡ります。モンマルトルの賑わいを感じつつ、オペラ座やルーヴル美術館を通り、サン・ジェルマン・デ・プレ、そしてモンパルナスまで。サクレクール寺院観光の帰り道にぜひどうぞ！

START

▸▸ Damrémont-Caulaincourt

（ダンレモン・コーランクール）から「Porte de Vanves行き」に乗車

モンマルトル墓地の脇にあるバス停からスタート。

▸▸ Gare Saint-Lazare（サン・ラザール駅）

1837年にできたパリ最初の国鉄駅。印象派の画家モネにも描かれました。駅正面にはアールヌーヴォーの内装が美しいブラッスリー Mollard。

▸▸ Havre-Haussmann

（アーヴル・オスマン）

デパートで買い物を楽しみたい方はこちらで降りましょう。プランタン、ギャルリー・ラファイエットが並ぶオスマン大通りです。

▸▸ Opéra（オペラ）

言わずと知れたオペラ座。シャガールの天井画は圧巻！　ぜひ内部も見学してみて。

▸▸ Palais Royal Comédie Française

（パレ・ロワイヤル・コメディ・フランセーズ）

すぐそばに、回廊が美しいパレ・ロワイヤルがあります。ルーヴル美術館へ行くなら、ここか次のバス停「Musée du Louvre（ミュゼ・デュ・ルーヴル）」で下車。

▸▸ Saint-Germain-des-Prés

（サン・ジェルマン・デ・プレ）

左岸に入ると一気に雰囲気が変わります。ギャラリー街を抜け、サンジェルマン大通りに出るとすぐ左に有名カフェ「Café de Flore」と「Les Deux Magots」が見えます。パリでもっとも古い教会のひとつでもあるサン・ジェルマン・デ・プレ教会（P101）もすぐ。

▸▸ Gare Montparnasse（モンパルナス駅）

バスはレンヌ通りをモンパルナスタワーに向かって直進し、国鉄モンパルナス駅へ。今回のルートはここで降ります。すぐそばのrue du Montparnasseにはクレープ店が建ち並びます。そのまま乗ればヴァンヴの蚤の市（P128）へも。

Bus No.95

【運行区間】
Porte de Montmartre（ポルト・ドゥ・モンマルトル）▶ Porte de Vanves（ポルト・ドゥ・ヴァンヴ）

7章

パリから行く小さな旅

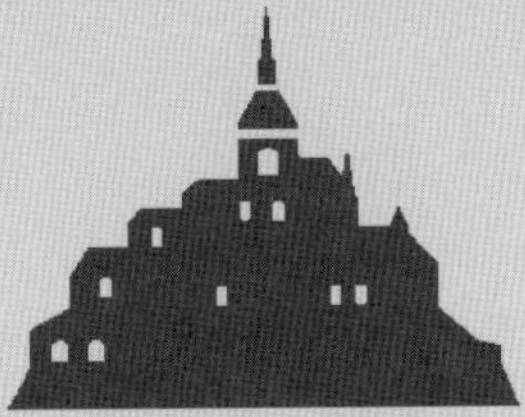

絢爛豪華な宮殿以外の見どころもある！

ヴェルサイユ《Versailles》

年間入場者数600万人を誇るヴェルサイユ宮殿は、世界中からの観光客でいつも賑わっていますが、せっかく行くのに宮殿だけ見てパリに戻るのはもったいない！　まず、800ヘクタールに及ぶヴェルサイユ宮殿のある敷地内で、おすすめはトリアノン。マリー・アントワネットの日常を垣間見ることのできる**「Petit Trianon（プチ・トリアノン）」**、ルイ14世の離宮として造られ、後にナポレオン1世も暮らした**「Grand Trianon（グラン・トリアノン）」**、それぞれ異なる風情が楽しめます。どちらも12時開館なので、午前中に宮殿を見学してから行くのが得策です。また、宮殿入口付近にある**「馬車博物館」**（見学無料）には、美しい装飾が目を引く馬車が飾られています。

そして、ヴェルサイユの街ですが、パリ郊外のシックな高級住宅地という雰囲気で、ほどよくレストランやパティスリーなどもあり、のんびりと散歩するのにぴったりです。趣のある石畳の一角には「Passage de la Geôle」もあるのでアンティークショップ巡りもいいですね。

プチ・トリアノンにある王妃の村里は、のんびりとした景色が広がる

パリから宮殿入口までの行き方

- RERのC線の各駅から終点であるヴェルサイユ・シャトー・リヴ・ゴーシュ（Versailles-Château-Rive-Gauche）駅で下車。そこから徒歩で約15分。
- 国鉄モンパルナス駅からヴェルサイユ・シャンチエ（Versailles-Chantiers）駅で下車。そこから徒歩で約30分。
- 国鉄サン・ラザール駅からヴェルサイユ・リヴ・ドロワット（Versailles-Rive-Droite）駅で下車。そこから徒歩で約25分。

世界遺産の孤島を楽しむなら宿泊を

モン・サン・ミッシェル 《Mont-St-Michel》

ノルマンディー地方にある、フランスでもっとも有名な世界遺産「モン・サン・ミッシェル」。中世、ここに修道院が築かれ、それ以来、巡礼地として多くの人がやってきました。

日本からの観光客に非常に人気が高く、パリからの日帰りツアーもいろいろと出ています。バスに乗ってしまえば目的地までお任せで連れて行ってくれるため、体力面でも安全面でも◎です。旅慣れた方なら、電車とバスを乗り継いで個人で行くことも可能です。

また、この島をしっかりと堪能するなら、**モン・サン・ミッシェルが見渡せる対岸か島内に1泊する**のもおすすめ。観光客が少なくなり、中世の静けさを取り戻したかのような夜の島内を歩き、**潮の満ち引きで変わる神秘的な美しさを堪能できるのは、宿泊する人だけの特権**と言えます。朝焼けの幻想的な佇まいやライトアップされた夜のロマンティックな姿は息をのむ美しさ。**一日の中で変わりゆく様**を心ゆくまで楽しんで。

古くから多くの人を魅了してきた神秘的な美しさと唯一無二の佇まい

パリからの行き方

- 国鉄モンパルナス駅からTGVにてレンヌ（Rennes）駅で下車。そこからモン・サン・ミッシェル行きのバスに乗る。パリから片道約4時間ほど。レンヌで1泊するという手もあり。
- パリからのバスツアーに参加すると、だいたい朝7時ごろパリを出発、昼ごろに現地着、21時ごろにパリに戻ってくるプランになる。

パリジャンたちのお花見スポット

ソー公園 {Parc de Sceaux}

八重桜の名所として知られるソー公園は、**パリ中心からのアクセスの良さから、週末には多くのパリジャンの憩いの場**となります。
その成り立ちは17世紀後半に遡ります。ルイ14世の財務総監であったコルベールはこのソーの土地を購入します。ヴェルサイユの庭園を手掛けた造園家ル・ノートルがソーの庭園を描き、コルベールの住んだ城館の内装は、ヴェルサイユ宮殿同様、宮殿画家のル・ブランが担当しました。こうしてルイ14世もうらやむような美しいソー公園が出来上がったのです。

細部までキレイに整備されているので、歩いていても気持ち良い

城館内は美術館になっていますので、興味のある方はぜひ。ソーをはじめとするパリ近郊（イル・ド・フランス圏）の歴史に関する展示品を見ることができます。
この公園はとにかく広大なので、公園入口にある地図を写真に撮っておくと良いでしょう。中央を南北に通る大運河（Grand canal）、それに交わる八角形の泉はため息のでる美しさ。パリの喧騒を忘れて、思い思いの時間を過ごすのに最適の場所です。

パリからの行き方

- RERのB線各駅から約25分。ラ・クロワ・ドゥ・ベルニー（La Croix de Berny）駅下車の場合は公園南側の入口まで徒歩約7分。ソー（Sceaux）駅下車の場合、公園北側の入口まで徒歩約15分。

ナポレオンとジョゼフィーヌの暮らした館

マルメゾン城 Château de Malmaison

パリの西、リュエイユ・マルメゾン市にあるマルメゾン城は、ナポレオン1世とその妻ジョゼフィーヌが暮らした場所です。この17世紀の館を2人が手に入れたのは1799年のこと。ひと目でこの地を気に入ったジョゼフィーヌは、自分好みに内装や庭園を変え、ナポレオンと離婚して彼が去った後も、生涯ここに住み続けたことで知られています。

薔薇を目当てに行くなら初夏がおすすめ

そのような経緯から2人のゆかりの品が多く展示され、当時の暮らしぶりを見学することができます。とくに、かの**ナポレオン法典が考案されたと言われる書斎は一見の価値あり**。また、ローズというセカンドネームを持つジョゼフィーヌは、大好きな薔薇を世界中から集め、なんと図鑑を作るほどの熱中ぶりだったとか。**今でも季節になると、たくさんの薔薇が庭園を彩ります**。

お城というよりもプライベート感溢れる邸宅といった雰囲気のマルメゾン城、こぢんまりとしているので見学しやすいのもおすすめの理由です。

パリからの行き方

- 地下鉄1番線ラ・デファンス（La Défense）駅からバス258番に乗って約30分ほど乗車。ル・シャトー（Le Château）で下車し、そこから徒歩で約10分。

フランスの世界遺産
～歴史と自然を楽しむ～

シャルトル大聖堂

パリから1時間半ほど、ゴシック様式のシャルトル大聖堂は、1979年に世界遺産に登録されました。ロマネスク彫刻の傑作と言われる「王の扉口」はもちろん、ひと言では言い表せないほど美しいブルーが映えるステンドグラスもお見逃しなく。

サン・テミリオン

1999年、ワイン産地として初めて世界遺産に登録されたサン・テミリオン。ボルドー近郊のこの街は、ボルドーワインの聖地として世界中に知られています。世界遺産には中世の街並みと代表的な歴史的建造物のみならず、周辺の村々やぶどう畑全体も含めて登録されています。

カルカッソンヌ

ヨーロッパ最大と言われる歴史的城塞都市であるカルカッソンヌは、フランスの南西部に位置します。古代から中世にかけ徐々に築かれた城塞は、遠くからその外観を眺めても美しく、一歩中に入れば中世にタイムスリップしたような気分を味わえます。

パリのセーヌ河岸やヴェルサイユ宮殿など、フランスには52もの世界遺産があります。そこで、フランスの歴史または自然を堪能できる世界遺産をいくつかピックアップしました。

⚜ ランス大聖堂

パリからの日帰りも可能なシャンパンの街ランス。その街でひときわ目を引くのがノートルダム大聖堂です。歴代のフランス国王の戴冠式を行った場所でもあり、ゴシック建築の傑作とも言われるほどの大聖堂となっています。バラ窓とシャガールのステンドグラスは必見。

⚜ ミディ運河

「バラ色の街」と呼ばれるフランス南西部の中心都市トゥールーズ。この街と地中海を結ぶのが、17世紀に完成のミディ運河です。カルカッソンヌやトゥールーズから遊覧船による運河めぐりが楽しめます。

⚜ アヴィニョン歴史地区

14世紀に法王庁が置かれた南東部の城塞都市アヴィニョン。この歴史地区は、威厳あるゴシック様式の法王庁宮殿、童謡にも歌われているサン・ベネゼ橋とあわせて、1995年に登録されました。

コラム

\ 在仏20年の著者Masayoがおすすめ /
フランスの美しい小さな町＆島

コート・ダジュール

Ile Saint-Honorat

サン・トノラ島

コート・ダジュールの街カンヌから船に乗って20分で行けるサン・トノラ島は、古くから修道院の島として存在してきました。華やかなカンヌとは異なり、自然に恵まれた静かな島です。修道士たちが暮らす修道院とその教会などを見ながら、ゆっくりと散策を楽しんで。ここでとれたぶどうを使ったワインは有名で、船着き場近くの売店で購入可能です。島にはレストランと売店が一軒ある程度なので、飲み物などは持って行きましょう。夏は帽子、日焼け止め、サングラス必須です。また、カンヌへ帰る船の時刻の確認をお忘れなく。

リクヴィール

コルマールから約15kmのところにある小さな村で、「フランスのもっとも美しい村」のひとつにも登録されています。ぶどう畑に囲まれたリクヴィールは、おとぎ話の世界そのもの。オークル、ピンク、ブルー……色とりどりの木骨造りの建物に窓際の花が、なんとも可愛らしい村です。戦争の被害を受けなかったため、中世の塔や建物もそのまま残っています。30分もあれば一周できてしまう小さな村ですが、春夏のシーズンはフランス内外からの観光客でにぎわいます。逆に冬は、開いていないホテルやレストランも多いので要注意。

アルザス

Riquewihr

フランスには、美しい場所がたくさんあります。そのなかから、日本人にはあまり知られていない、独自の文化の息づく素敵な田舎町や島を厳選しました。大都市とは違うフランスの隠れた魅力が堪能できます。

ブルターニュ

Dinan

ディナン

ブルターニュの城塞の町ディナン。町の下にはランス川が流れ、古くから栄えた港があります。その港と町の中心を結ぶのは、ディナンを代表する坂道であるジェルジュアル通り。石畳の急な坂道に古い家が建ち並び、中世の面影を残しています。旧市街にはディナン特有の木骨の建物が多く残っています。町には美味しいクレープ屋が多く、食事はクレープとリンゴの発泡酒シードルで決まり。お店も多く、買い物も楽しめますから、1泊してレンヌやサン・マロなど周辺の街とともに訪れるのも良いですね。

サン・ジャン・ピエ・ドゥ・ポー

バスク

バスクの文化を色濃く感じさせるこの町は、スペインにあるサンティアゴ・デ・コンポステーラへの巡礼地にもなっていて、ここから巡礼をスタートさせる人も多いです。町の中心では日本でも人気の靴「エスパドリーユ」やバスク伝統の布などを購入できます。この土地の名物、羊乳から作るセミハードタイプのチーズ「オッソ・イラティ」もお忘れなく。黒さくらんぼのジャムを添えれば、まさに至極の味わい。ちなみに、町中で見かけるホタテのマーク。これは巡礼路のシンボルです。

Saint-Jean-Pied-de-Port

パリから2時間でイギリスへ！

ロンドン（イギリス）{ Londres }

フランスから気軽に行ける近隣国の代表とも言えるイギリスの首都、ロンドン。伝統と格式を感じるこの街は、同時に刺激あるスタイリッシュな街でもあります。
1994年開通の**「Eurostar（ユーロスター）」に乗れば約2時間15分**でロンドンに到着します。朝早い便でパリを出て、ロンドンでショッピングの後、優雅にアフタヌーンティーを楽しんで、その日のうちにパリに戻る日帰り旅行も可能です。ユーロスターの切符は、日本からでもホームページで購入でき、割引料金もよく出ていて、なんと往復90€ほどでロンドンに行けてしまうこともあります。
ただし、ロンドンに行く際には、**パスポートが必要**です。出発のパリ北駅では、専用フロアにて、フランスの出国審査→イギリスの入国審査が行われた後、荷物検査があります。ここはかなりの行列で待つことも多いので、遅くとも1時間半前には到着しておきましょう。
ちなみに、**イギリスの通貨はポンド**ですので、ユーロは使えません。また、**フランスとは1時間の時差がある**こともお忘れなく！

霧の都・ロンドンのシンボルとも言えるビッグ・ベン

パリからの行き方

- パリの北駅からEurostarにてロンドンのセント・パンクラス駅（St Pancras）まで約2時間15分。ただし、出国・入国審査に時間がかかるので注意。

世界遺産のグランプラスとチョコレートの街
ブリュッセル（ベルギー）｛Bruxelles｝

ベルギーの首都であるブリュッセルもパリからの日帰り旅行にぴったりの街です。パリ北駅から高速鉄道**「Eurostar（ユーロスター）」でブリュッセル南駅までは約１時間30分**。これまではThalys（タリス）と呼ばれていましたが、2023年10月にユーロスターに統合されました。世界遺産のグランプラス周辺をそぞろ歩き、名物のムール貝、ワッフルを堪能して、お土産にベルギーチョコレートも買って、日帰りでもひと通り回れます。１泊して、フランダースの犬でおなじみのアントワープや街全体が世界遺産に登録されている運河の街、ブリュージュに足をのばすのも良いでしょう。

世界遺産のグランプラスには荘厳な建物がぐるりと並ぶ

切符はホームページから購入しますが、お得な料金も多いので、賢く利用しましょう。

ベルギーは、シェンゲン協定加盟国ですので**出入国審査はありませんが、必ずパスポートは持参**すること。駅や車内でパスポートの提示を求められることもあります。

ちなみに、オランダのアムステルダムへもパリから同じユーロスターで約３時間半で行けます。運河と花のある風景、かの有名なゴッホ美術館を見に行くのもいいですね。

パリからの行き方

- パリの北駅からEurostarにてブリュッセル南駅（Bruxelles-Midi）まで約１時間30分ほど。グランプラスにはここで地下鉄に乗り換えて行く。

【著者プロフィール】

高橋 雅代（たかはし　まさよ）

山口県出身、フランス・パリ在住。フェリス女学院大学文学部国際文化学科（フランス語専攻）を卒業後、2000年渡仏。2008年からパリにある「Pierre Marcolini」「Chapon」「La Maison du Chocolat」と名だたるショコラトリーで勤務。
2017年にフランス労働省公認・観光添乗員「Accompagnatrice de tourisme」の資格を取得。長きにわたる在仏経験を活かし、現在は、日本人旅行者を案内するプライベートガイドとして活動。ショコラトリーなどグルメな店をまわるコースや蚤の市巡り、雑学を交えた歴史散策を得意とし、自由度の高いオーダーメイドな旅の提案を行っている。またInstagramでは、本書でも紹介したおすすめスポットやパリの日常などを発信中。

Instagram : @infiniment_paris　　Webサイト : https://infinimentparis.com/

STAFF
編集・構成　栗野亜美
デザイン・DTP　村口敬太、村口千尋（Linon）

もっと楽しむためのフランス旅行術 改訂版
今だからこそ知っておきたい達人の知恵 50

2024年6月30日　第1版・第1刷発行

著　者　高橋　雅代（たかはし　まさよ）
発行者　株式会社メイツユニバーサルコンテンツ
　　　　代表者　大羽 孝志
　　　　〒102-0093 東京都千代田区平河町一丁目1-8
印　刷　株式会社厚徳社

◎「メイツ出版」は当社の商標です。

ご意見・ご感想はホームページから承っております。
ウェブサイト https://www.mates-publishing.co.jp/

企画担当：折居かおる

※本書は2018年発行の「知っていればもっと楽しめる Amour! フランス旅行術 ガイドブックに載らない達人の知恵 50」を元に、情報の更新と加筆修正を行い、書名を変更して改訂版として発行したものです。